L'OUBLIEUX

PETITE COMÉDIE EN TROIS ACTES

DE

CH. PERRAULT

de l'Académie française

(1691)

Publiée pour la première fois, avec une petite
Introduction et des Notes

PAR

M. HIPPOLYTE LUCAS

de la Bibliothèque de l'Arsenal

PARIS
ACADÉMIE DES BIBLIOPHILES

M.DCCC.LXVIII

L'OUBLIEUX

PETITE COMÉDIE

1691

ACADÉMIE DES BIBLIOPHILES.

DÉCLARATION.

« Chaque ouvrage appartient à son auteur-éditeur La
« Compagnie entend dégager sa responsabilité collective des
« publications de ses membres. »

(*Extrait de l'article IV des Statuts.*)

TIRÉ A TROIS CENT CINQUANTE EXEMPLAIRES
SUR PAPIER DE HOLLANDE.

—

N°

L'Oublieur.

Je ne crains ny neiges, ny pluyes,   Lors que je vand bien mes oublies,
C'est de quoy je fais peu de cas ;   Et sur tout quand je ne perds pas.

L'OUBLIEUX

PETITE COMÉDIE EN TROIS ACTES

DE

CH. PERRAULT

de l'Académie française

(1691)

Publiée pour la première fois, avec une petite
Introduction et des Notes

PAR

M. HIPPOLYTE LUCAS

de la Bibliothèque de l'Arsenal

PARIS

ACADÉMIE DES BIBLIOPHILES

M DCCC LXVIII

PETITE INTRODUCTION

I

Charles Perrault, l'auteur des *Contes de fées*, commença à se faire connaître dans le monde littéraire par une traduction du sixième livre de *l'Énéide* en style burlesque ; il la composa avec un de ses amis, et, de plus, deux de ses frères y mirent la main ; il le dit lui-même dans ses *Mémoires,* en citant deux vers sur *l'Ombre d'un cocher*

> *Qui, tenant l'ombre d'une brosse,*
> *Nettoyait l'ombre d'un carrosse ;*

vers habituellement attribués au *Virgile travesti* de Scarron.

Perrault ajoute, en parlant de sa traduction : « Ce manuscrit est parmi les livres de la tablette où il n'y a que ceux de la famille. » Le susdit manuscrit n'a probablement pas été imprimé ; aucun recueil bibliographique n'en fait mention (1). Le jeune auteur composa encore avec son frère Claude, le futur architecte, un poëme également bouffon, intitulé *les Murs de Troie, ou l'Origine du burlesque,* dont le second chant, écrit de la main de Claude, est conservé à la Bibliothèque de l'Arsenal. Charles Perrault eut le bon sens et l'esprit de renoncer à ce genre ridicule ; son frère aussi.

Après avoir plaidé comme avocat et rempli pendant dix ans une place de commis chez un autre de ses frères, receveur général des finances, il s'acquit la protection et l'amitié de Colbert et fut nommé Contrôleur des bâti-

---

(1) Il existe un livre intitulé *l'Enfer burlesque, ou le fameux livre de l'Énéide travestie, dédié à Mlle de Chevreuse ; le tout accomodé à l'histoire du temps,* 1649 ; — mais ce n'est point l'œuvre de Perrault. Cette bouffonnerie figure aussi parmi les *Mazarinades.*

ments du roi. En relation permanente avec le ministre, il eut l'occasion d'être utile à un grand nombre d'hommes de lettres. Il se fit remarquer par la politesse et par l'élévation de ses sentiments.

On assure que c'est lui qui empêcha Colbert de fermer au public le jardin des Tuileries : « Vous ne croiriez, monsieur, lui dit-il en se promenant un jour avec lui, le respect que tout le monde, jusqu'au plus petit bourgeois, a pour ce jardin. Non-seulement les femmes et les enfants ne s'avisent jamais de cueillir aucune fleur, mais même d'y toucher ; ils s'y promènent tous comme des personnes raisonnables ; les jardiniers peuvent vous en rendre témoignage. Ce sera une affliction publique de ne pouvoir plus venir ici se promener. — Ce ne sont que des fainéants qui viennent ici, interrompit brusquement le ministre. — Il y vient, reprit Perrault, des personnes qui relèvent de maladie, pour y prendre l'air ; on y vient parler d'affaires, de mariage, de toutes choses qui se traitent plus convenablement dans un jardin que dans une église, où il faudra à l'avenir se donner rendez-vous. Je suis persuadé que les jardins des rois ne sont si grands et si spacieux qu'afin que tous leurs enfants puissent s'y promener. »

Le Portrait d'Iris, le *Dialogue de l'Amitié et de l'Amour*, établirent sa réputation littéraire, et bientôt nommé membre de l'Académie française, grâce à Colbert, il fut le premier à demander que les séances de cette illustre Compagnie devinssent publiques. La Société lui fut redevable des jetons de présence ; il obtint encore, pour assurer la liberté des suffrages, le scrutin secret dans les élections. Ce sont là des choses très-méritantes assurément. Cependant il ne tarda pas à exciter de vives inimitiés dans le sein de la docte société par la lecture d'un poëme intitulé : *le Siècle de Louis le Grand*, où il cherchait à démontrer, en se fondant sur le progrès des temps, la supériorité des modernes sur les anciens ; Boileau surtout ne put tolérer cette injure adressée à l'antiquité. Une grande guerre éclata entre lui et Perrault, ou plutôt entre lui et les Perrault, car Boileau comprit dans ses attaques l'architecte sur les plans duquel ont été élevés l'Observatoire et la colonnade du Louvre. Cette querelle des anciens et des modernes prit la proportion d'un événement public, tout le monde s'en mêla. Perrault, pour soutenir son opinion, fit paraître son *Parallelle*, Boileau ses *Réflexions sur Longin*.

Ce fut pendant cette orageuse discussion que Perrault, afin de l'entretenir sans doute et comme pour railler encore les zélateurs de l'antiquité, écrivit dans le style aisé quoique un peu incorrect de son *Dialogue de l'Amitié et de l'Amour*, quelques comédies de société : *l'Oublieux* (1), *l'Officieux intéressé*, *les Fontanges*, comédies restées inédites, et que certainement nous n'aurions pas songé à réveiller si, en même temps, il n'avait eu l'idée de recueillir et de narrer simplement les contes avec lesquels on berçait alors les petits enfants. Il a dû en effet à ses contes une popularité que les hommes d'un bien plus grand mérite que le sien n'ont pu atteindre; ces contes ont sauvé de l'oubli son nom, que son *Poëme de Saint-Paulin*, son *Apologie des femmes*, satire dirigée contre Boileau, et son dernier ouvrage :

---

(1) *L'Oublieux*, *l'Officieux intéressé*, recueil Soleine, V. 56. — *Les Fontanges*, recueil La Vallière, tragédies et comédies, t. IV. (*Bibliothèque Impériale*, mss.)

les *Hommes illustres du siècle de Louis XIV*, n'auraient pas fait assurément parvenir à la postérité !

Des trois comédies de Charles Perrault conservées parmi les manuscrits de la Bibliothèque impériale, nous n'avons cru devoir publier que *l'Oublieux* ; les deux autres ne sont que des ébauches, curieuses en elles-mêmes au point de vue de la peinture de l'époque, pleines de petits coups de pinceau qui en rendent agréablement la couleur, mais sans dessin suffisant pour constituer un tableau. Nous donnons même *l'Oublieux*, dont l'intrigue est presque insignifiante, moins comme une pièce que comme un croquis de mœurs fort bien réussi, dans lequel Perrault s'amuse à mettre en scène ceux qui, portant un trop grand amour à l'antiquité, ne savent pas vivre de la vie de leur temps et en apprécier les avantages. C'était là son grand cheval de bataille ; il a presque recomposé la figure de Thomas Diafoirus pour se moquer des sots savants, sans négliger la critique des sots à cervelle légère, grands coureurs de nouvelles du jour, remplissant leur mémoire de détails inutiles et n'ayant d'autre occupation que de répéter la dernière anecdote. C'est bien l'auteur du *Parallelle* qui a fait cette petite comédie ; on ne peut pas en douter. Dans le contraste des caractères qu'il établit entre les deux fils de M. Jérôme, il poursuit sa thèse favorite ; seulement, usant de son droit d'auteur comique, à côté des ridicules du pédantisme il montre les défauts de la frivolité.

II

Ce titre, *l'Oublieux*, pourrait faire croire tout d'abord qu'il s'agit d'une comédie de caractère, tandis qu'il ne s'agit en réalité que d'une légère esquisse de mœurs : *l'oublieux* ou *l'oublieur* était tout simplement le nom donné au *marchand d'oublies*, personnage ambulant, très-répandu dans les rues de Paris à l'époque où écrivait Perrault, et qu'on voit figurer encore dans la collection des *Cris de Paris* de Bonnard (1). On y trouve *l'Oublieux*, sa lanterne à

(1) *Cris de Paris. Chez Bonnart, rue Saint-Jacques, vis-à-vis les Mathurins* (vers 1710).

la main et son corbillon sur l'épaule, cherchant des pratiques dans ses excursions nocturnes. Les vers suivants exposent sa profession :

Je ne crains ny neiges ny pluyes,
C'est de quoy je fais peu de cas;
L'ors que je vand bien mes oublies,
Et sur tout quand je ne perds pas.

La profession des *pastissiers oublaieurs* remontait jusqu'à la plus haute antiquité, comme se plaît à le constater le *Traité de la police* du conseiller Delamare, commissaire du roi au Châtelet de Paris.

« Athenée, dit-il, rapporte d'Aristophanes et de Phoresarates que dans l'ancienne Grèce il se faisait une espèce de pain entre deux fers chauds sur le feu et qu'on les appelait *obelias* parce que l'on en pouvait avoir pour une obole, qu'on les criait, et que ceux qui les portaient sur leurs épaules s'appelaient *obeliophores* ou porteurs d'oublies. »

Malgré tout le respect que nous devons à l'excellent *Traité de la police* et à l'érudit conseiller commissaire du roi au Châtelet, cette étymologie des oboles ne nous paraît pas régulière; *obelias* signifiait un pain rôti à la broche, ainsi nommé d'*obelos* broche, et non d'*obolos* obole. On appela, par extension, *oublies* une sorte de pâte légère et déliée, mêlée de sucre et quelquefois de miel, laquelle devait être confectionnée, d'après les règlements, « avec de bons et loyaux œufs. » Des garçons bien découplés, mais dont il était bon de se méfier un peu, criaient ces oublies, à la nuit tombante, de quartiers en quartiers, excepté dans celui des juifs et des juives, qui leur était interdit.

Nous venons de dire qu'il fallait se méfier de messieurs les oublieux : en effet, une ordonnance du lieutenant de police, de Voyer d'Argenson, en 1700, neuf ans après la composition de la pièce de Perrault, porte : « Que depuis quelque temps plusieurs vagabonds et gens sans aveu ne laissent pas que de crier des *oublies*, et, sous ce prétexte, s'introduisent dans les maisons, où ils volent et trompent au jeu ceux qui ont la facilité de jouer avec eux, se servant pour cela de faux dés; qu'il y a même actuellement dans les prisons du Châtelet un de ces particuliers qui a filouté une somme de cinquante livres en contrefaisant l'*oublieur*, et que ces abus, qui commencent à passer en usage, pouvaient apporter un grand préjudice à l'honneur de la communauté (1).»

Quelques-uns de ces garçons parurent affiliés à des bandes de voleurs, notamment à la bande de Cartouche ; mais, *pour l'honneur de la communauté*, on doit plutôt croire, avec Le Grand d'Aussy, que c'étaient de vrais voleurs déguisés en *marchands d'oublies* afin de commettre plus facilement leurs crimes. Alexis Monteil, partageant cet avis, dans son *Histoire des Français des divers états*, assure que les *oublieux* eux-mêmes étaient quelquefois victimes d'odieuses machinations : « L'usage de faire monter le soir à souper ces pâtissiers ambulants engendra des abus et occasionna maintes scènes scandaleuses : les libertins les battaient et les dépouillaient non-seulement de leurs marchandises, mais encore de leur argent. »

Pour couper court à tous ces inconvénients on finit, vers le milieu du XVIIIe siècle, par transformer les *oublieux* en *oublieuses*, c'est-à-dire en marchandes de plaisir, qui existent encore : *Voilà le plaisir, mesdames !...*

(1) La communauté avait été établie dès l'an 1270.

Il y avait évidemment un sujet de comédie dans les substitutions de personnes qui pouvaient avoir lieu sous le nom et sous le costume de *l'Oublieux;* c'est ce que tenta Perrault en l'année 1691. L'année suivante, Donneau de Visé, grand ami de Perrault, proposa dans son *Mercure galant* une énigme sur le *Corbillon* de *l'Oublieux* (1), et un peu plus tard inséra dans le même journal une Nouvelle qui a beaucoup de rapport avec notre comédie (2). Enfin, le 22 nivôse an VIII, Joseph Pain, membre de la société des belles-lettres, fit représenter au théâtre des Variétés-Montansier un vaudeville sous ce titre : *la Marchande de Plaisir.*

Ces remarques suffisent comme introduction à la comédie de Perrault, où il n'est pas question d'un véritable *oublieux;* elles seront complétées, d'ailleurs, par les notes réunies à la fin du volume. Ce qu'il importe de mettre en lumière ici, c'est la façon dont l'auteur des *Contes de Fées,* à l'époque où il les écrivait si naïvement, composait, dans le

(1) *Mercure galant*, octobre 1692.
(2) Id., septembre 1694.

style à la mode, d'ingénieuses comédies que très-peu de *bibliophiles* connaissent de nos jours. Les auteurs se trompent souvent, comme nous l'avons indiqué, sur ce qui doit survivre de leur œuvre. Mais cette comédie de *l'Oublieux* prouve du moins que Perrault était bien l'homme de son temps; qu'il avait l'oreille ouverte aux cris de Paris comme aux récits des nourrices, et qu'il ne pouvait manquer de trouver ainsi la note à laquelle il devrait sa réputation.

Hippolyte Lucas.

L'OUBLIEUX

PETITE COMÉDIE EN 3 ACTES

PAR M. PERRAULT

de l'Académie française

LE 24 JUILLET 1691

PERSONNAGES.

M. JÉROME, bon bourgeois de Paris.
M. DÈSLANDES, son fils aîné.
M. DUVIVIER, son jeune fils.
M. DE L'ÉTANG, avocat.
Mlle DE L'ÉTANG, sa sœur.
Mlle DUPRÉ, cousine de Mlle de l'Étang.
BABET, petite servante de Mlle de l'Étang.
Mlles MANON et LOUISON, voisines de Mlle de l'Étang.

La scène se passe dans la salle de M. de l'Étang.

L'OUBLIEUX

ACTE PREMIER

SCÈNE Ire

Mlle DE L'ÉTANG, Mlle DUPRÉ.

Mlle DE L'ÉTANG.

Je crois que cet homme-là me fera déserter la maison.

Mlle DUPRÉ.

Il est vrai que cet amant est un peu incommode.

Mlle DE L'ÉTANG.

Comment incommode? Il fut hier céans toute l'après-dînée, il y revint après souper, et aujourd'hui, à peine sommes-nous levées qu'il vient nous rendre visite.

Mlle DUPRÉ.

Que veux-tu ? c'est qu'il t'aime.

Mlle DE L'ÉTANG.

J'ai bien affaire qu'il m'aime pour me venir rompre la tête. As-tu jamais vu une conversation comme la sienne ? Il va ramasser toutes les méchantes nouvelles du Palais et du Luxembourg, toutes celles des Halles et de la place Maubert, et il vient me les redire toutes, sans m'en faire grâce d'une seule (a)*.

Mlle DUPRÉ.

Tu me surprends, car je t'ai ouï dire que tu ne le haïssois pas.

* Ces lettres renvoient aux NOTES à la fin du volume.

Mlle DE L'ÉTANG.

Cela est vrai, et il y a des temps où j'en suis très-contente ; mais depuis quelques jours il m'a tellement fatiguée de ses sottes nouvelles, que, s'il continue encore sur le même ton, je lui donnerai nettement son congé.

Mlle DUPRÉ.

Cela seroit un peu violent.

Mlle DE L'ÉTANG.

Tant violent qu'il te plaira ; je n'aime point d'être obsédée. Cela est fort plaisant d'avoir toujours un homme devant soi !

SCÈNE II.

M. DE L'ÉTANG, Mlle DE L'ÉTANG, Mlle DUPRÉ.

M. DE L'ÉTANG.

Quelle dispute avez-vous là, que vous me semblez si émues ?

Mlle DUPRÉ.

Le sujet en est assez extraordinaire : ma cousine se plaint d'avoir un amant qui est trop assidu auprès d'elle, et veut que je la plaigne de ce malheur.

M. DE L'ÉTANG.

Voilà qui est horrible ! Vous êtes, ma cousine, bien inhumaine de ne pas prendre beaucoup de part à une telle affliction.

Mlle DE L'ÉTANG.

Que je hais les mauvais plaisants ! Je vous dis que rien n'est plus fatigant que la présence continuelle d'un homme, tel qu'il puisse être.

M. DE L'ÉTANG.

Voilà, ma pauvre sœur, ce que c'est que d'avoir tant de mérite et tant de charmes. Ce sont de grands avantages, mais ces avantages ont de grandes incommodités.

On a le déplaisir d'entendre dire à tous moments qu'on est belle, qu'on est aimable, et de l'entendre dire en cent manières différentes, et encore par des gens dont on est aimée. Cela est bien douloureux : il faut une grande vertu pour soutenir généreusement et de bonne grâce le poids d'une si grande affliction.

Mlle DE L'ÉTANG.

Réjouissez-vous tant qu'il vous plaira, mais cela ne me réjouit point.

M. DE L'ÉTANG.

Tu te plains fort mal à propos. M. Duvivier est un fort honnête homme, qui a beaucoup de bien et de très-beau bien, qui a de l'esprit à sa manière et qui sait toujours mille nouvelles.

Mlle DE L'ÉTANG.

Il n'en sait que trop pour mon repos.

M. DE L'ÉTANG.

Son frère aîné, M. Deslandes, est d'une humeur bien opposée : c'est un loup-garou qui ne voit personne, qui n'a nulle curiosité pour tout ce qui se fait aujourd'hui, et qui n'a d'autre passion que de savoir les curiosités les plus cachées de la fable ou de l'histoire la plus ancienne. Il étoit dernièrement dans une joie inconcevable d'avoir trouvé le nom de la nourrice d'Hector et celui de la femme de chambre qui rognoit les ongles à Cléopâtre. Il étoit encore ravi d'avoir appris que les pantoufles du roi Priam étoient doublées en peau de louve (*b*).

Mlle DUPRÉ.

Où est-ce que M. Jérôme a pêché ces deux enfants-là? Ils ne lui ressemblent point du tout. M. Jérôme est un bon homme qui ne s'informe guère de tout ce qui se passe, et que je ne crois pas non plus un fort grand docteur, quoiqu'il dise des mots de latin assez souvent.

M. DE L'ÉTANG.

M. Jérôme est, comme vous le dites, un fort bon homme, qui a bon sens et qui a amassé beaucoup de bien dans son négoce. On le tient riche de plus de trois cent mille livres. Il est vrai aussi qu'il ne s'est jamais beaucoup mis en peine de l'antiquité. Si quelquefois il dit du latin, c'est par la seule raison qu'il n'en sait guère. C'est du côté de leur mère que ces enfans tiennent les caractères dont ils sont. Leur mère étoit une bonne femme, fort avare, qui ramassoit tous les chiffons et toutes les guenilles de son grenier, dont elle se paroit, et qu'elle mettoit en œuvre avec plus de soin et plus de joie qu'elle n'auroit fait de belles étoffes bien riches et toutes neuves, et c'est de là qu'on croit que son fils aîné tient l'amour qu'il a pour les antiquailles. On dit aussi qu'elle savoit et débitoit fort bien toutes les petites histoires de son quartier, et que de là vient l'inclination qu'a son jeune fils à dire des nouvelles.

Mlle DUPRÉ.

Quoi qu'il en soit, ces deux enfans-là sont bien différens l'un de l'autre.

M. DE L'ÉTANG.

Pas trop. Je les trouve en quelque façon de la même espèce, c'est-à-dire tous deux épris de bagatelles, dont l'un les aime quand elles sont bien nouvelles, et l'autre quand elles sont bien vieilles. Ils avoient une sœur qui étoit la vraie humeur du père : une bonne enfant, blanche et vermeille, et de gros yeux qui ne disoient rien. Elle trouvoit tout bon, et tous ceux qui l'alloient voir étoient les plus honnêtes gens du monde. Je me souviens toujours d'une anagramme que je fis pour elle, dont elle étoit ravie. Elle s'appeloit Marie-Guillaume, et l'anagramme étoit *Miracle de beauté*. Il est vrai qu'il y manquoit beaucoup de lettres ; mais, quand je lui eus répondu que c'étoit en cela particulièrement que consistoit la beauté de l'anagramme, que c'étoit une chose trop aisée quand toutes les lettres s'y rencontroient d'elles-mêmes, et que la difficulté étoit de les y trouver quand elles n'y étoient pas, elle fut très-contente de ma réponse et de son anagramme (*c*).

Mlle DUPRÉ.

J'aurois bien aimé cette bonne fille. Pour ce qui est des deux frères, je crois que celui qui aime les nouvelles a plus de raison que celui qui aime les antiquailles, car je ne crois pas qu'il y ait rien de plus inutile et de plus ridicule.

M. DE L'ÉTANG.

Comme vous parlez ! Savez-vous qu'il n'y a que ceux qui ressemblent à M. Deslandes qu'on regarde aujourd'hui comme de vrais savans, et que tous les auteurs en *ius*, soit d'Allemagne, soit de Hollande, ne donnent ce titre honorable qu'à ceux de son caractère, surtout s'ils ont fait réimprimer de vieux livres avec des notes (*d*)?

Mlle DUPRÉ.

J'en ai bien de la joie, car j'ai beaucoup d'estime pour M. Deslandes, tout loup-garou qu'il est, parce que c'est un véritable homme d'honneur.

M. DE L'ÉTANG.

Je voudrois qu'il t'eût épousée : il a du bien, et tu serois bien à ton aise. Pour vous, ma sœur, contraignez-vous un peu, et ne vous lamentez pas si fort d'avoir un amant trop passionné.

Mlle DE L'ÉTANG.

De l'humeur dont vous êtes, qui est pour le moins aussi vive que la mienne, il vous feroit beau voir si vous étiez obsédé de quelque personne dont la présence trop assidue vous chagrinât.

M. DE L'ÉTANG.

Je ne suis jamais fâché que l'on m'aime, et j'aurai toujours de l'obligation à ceux qui voudront m'honorer de leur compagnie. Adieu jusqu'à revoir. A propos, j'oubliois de vous dire que nous aurions à souper nos belles petites voisines.

Mlle DE L'ÉTANG.

Mlle Louison et Mlle Manon ?

M. DE L'ÉTANG.

Elles-mêmes, et elles nous donneront leur petit concert.

Mlle DUPRÉ.

J'en ai bien de la joie. Elles chantent comme des anges. C'est tout autre chose que ce n'étoit il y a six mois.

M. DE L'ÉTANG.

Mlle Louison m'a fait promettre que je lui donnerois l'*Oublieux*.

M{i}^{lle} DE L'ÉTANG.

Cela sera bien avisé.

M. DE L'ÉTANG.

Ayez donc soin de tout. Adieu.

SCÈNE III.

M{i}^{lle} DUPRÉ, M{i}^{lle} DE L'ÉTANG.

M{i}^{lle} DUPRÉ.

Si tu me crois, tu te contraindras un peu sur le chapitre de M. Duvivier. Ce ne seroit point une mauvaise affaire pour toi que de l'épouser, ni pour moi d'épouser M. Deslandes. Nous sommes jeunes toutes deux ; mais nous ne le serons pas toujours. Quand on devient sur l'âge, c'est une belle chose de se trouver la femme d'un homme riche, surtout quand on a aussi peu de bien que nous en avons.

Mlle DE L'ÉTANG.

Ce que tu dis est le plus beau du monde, mais...

SCÈNE IV.

M. DUVIVIER, Mlle DE L'ÉTANG, Mlle DUPRÉ, BABET.

BABET.

C'est M. Duvivier qui vient pour avoir l'honneur de vous voir.

Mlle DE L'ÉTANG.

Quoi! le voilà encore!

Mlle DUPRÉ.

Oh! oh! Monsieur, qui vous fait revenir si tôt?

M. DUVIVIER.

Je viens de recevoir une lettre d'un de

mes amis qui est à Rouen, et je n'ai pas voulu tarder plus longtems à vous en faire part. Il me mande qu'on y a pendu cette semaine trois voleurs de grand chemin; qu'on y a donné la fleur de lys à deux coupeurs de bourse, et qu'il y est arrivé trois barques chargées de morues. Il m'envoye en même tems le nom de toutes les cloches de la ville de Rouen, avec le nom de leurs parrains et de leurs marraines.

Mlle DE L'ÉTANG.

Voilà une belle curiosité!

M. DUVIVIER.

Est-ce que vous savez déjà tout cela? Je gagerois bien que non. Vous savez peut-être que la grosse cloche de la cathédrale s'appelle *Georges d'Amboise*, qu'elle a été tenue par Alphonse-Ferdinand de Marinville et Jeanne-Charlotte-Eléonor de Valincour, en l'année mil quatre cent quatre-vingt-dix-huit; mais je suis sûr que vous ne savez point le nom de toutes les cloches des vingt-sept paroisses et des trente-deux couvens qu'il y a dans cette ville. Savez-vous, par exemple, que la grosse moyenne des Cordeliers s'appelle *Françoise*, que celle des Carmes s'appelle *Thérèse*, que celle des...

Mlle DUPRÉ.

N'en dites pas davantage, s'il vous plaît; il me semble que j'ai déjà toutes les cloches de Rouen dans la tête (*e*).

M. DUVIVIER.

J'en demeurerai là, puisque vous me l'ordonnez; mais assurément, lorsque j'aurai achevé mon recueil de toutes les cloches de France, ce sera un ouvrage très-curieux; il y a déjà vingt libraires qui me le demandent. Cependant, je vois bien que vous n'avez pas de goût pour ces sortes de curiosités; mais, pour vous faire voir que j'ai plus d'un talent, je veux bien vous dire que j'ai deviné l'énigme du dernier *Mercure*.

Mlle DUPRÉ.

Ah! ah! c'est autre chose. Voilà un titre incontestable de bel esprit.

M. DUVIVIER.

Ce peut bien être un titre de bel esprit d'avoir deviné l'énigme, puisque c'en est un de ne pas l'avoir devinée. Pourvu qu'on ait dit quelque chose qui en approche, l'auteur du *Mercure* n'oseroit manquer à mettre le nom de tous ceux qui lui ont envoyé leur explication, quelle qu'elle soit.

Mlle DUPRÉ.

Cela n'est pas possible!

M. DUVIVIER.

Cela est si vrai que, si vous voulez, je vais vous nommer tous ceux qui n'ont pas deviné celle du dernier *Mercure*.

Mlle DUPRÉ.

Je serois bien aise de savoir le nom de ces beaux esprits-là.

M. DUVIVIER.

Il y a M. Trébuchet d'Auxerre, le maître clerc sans barbe de la place Maubert, l'avocat du Roi du Pont-Audemer, la belle Nanon du Pont-au-change, le solitaire de la rue Trousse-Vache, et vingt autres encore qui ne me reviennent pas dans la mémoire. Le mot de l'énigme étoit le Soleil; quelques-uns l'avoient expliquée du Phœnix, quelques autres du girusol (*tournesol*), d'autres d'une lanterne, d'autres d'un tournebroche, d'autres... que sais-je, moi? je ne puis me souvenir de tout.

Mlle DUPRÉ.

Rien n'est plus plaisant que ces devineurs et non devineurs d'énigmes (*f*).

Mlle DE L'ÉTANG.

Vous êtes bien heureuse, ma cousine, de vous divertir à si peu de frais. Pour moi, cela ne me divertit point du tout, et M. Duvivier me feroit un extrême plaisir de ne m'honorer plus de ses trop fréquentes et ennuyeuses visites.

(Elle sort.)

SCÈNE V.

M. DUVIVIER, Mlle DUPRÉ.

M. DUVIVIER.

Je suis bien malheureux de déplaire si fort à votre belle et cruelle cousine. Ne m'abandonnez pas, s'il vous plaît, ma chère demoiselle; je ne dirai plus mot si elle veut, ou je ne l'entretiendrai que de choses qui sont de son goût quand je serai assez heureux de le bien connoître.

Mlle DUPRÉ.

Vous avez tort, et depuis le tems que vous la voyez, n'avez-vous pas dû remarquer qu'elle a une aversion insurmontable pour certaines choses qui divertissent la plupart du monde? Je veux vous donner des marques de mon amitié. Quelque chemin que vous preniez pour lui plaire, vous n'en viendrez jamais à bout que vous ne preniez celui que je vais vous dire. Attachez-vous uniquement à faire votre cour à son frère, qui peut tout sur elle; mais que ce soit avec une continuelle assiduité. Quoiqu'il vous témoigne que vos honnêtetés le fatiguent, poursuivez toujours, car c'est alors qu'il est plus aise qu'on le caresse. La persévérance à vous attacher à lui le gagnera immanquablement, après quoi ce ne sera plus une affaire d'avoir les bonnes grâces de la sœur.

M. DUVIVIER.

Vous me redonnez la vie, ma chère demoiselle, et je vais profiter de vos bons conseils.

Mlle DUPRÉ.

Votre rupture vient le plus mal à propos du monde ; nous avons ce soir un concert que vous auriez été ravi d'entendre. Nos belles petites voisines viennent souper céans, et M. de l'Étang doit faire venir un oublieux pour les divertir.

M. DUVIVIER.

Je n'ai point de regret à tous ces plaisirs-là dans l'ennui où je suis. Cependant, je vous remercie de l'avis que vous me donnez : je pourrai bien en faire mon profit. Adieu, faites ma paix, je vous en conjure.

ACTE SECOND

SCÈNE PREMIÈRE

M. JÉROME, M. DESLANDES.

M. JÉROME.

Je n'ai garde de blâmer l'application que tu as à l'étude, elle fait une de mes plus grandes joies, car, quoique je n'aie jamais étudié, je ne laisse pas d'aimer avec ardeur et la science et les savans. Ce m'est une grande consolation que de deux enfans que Dieu m'a donnés, l'un se soit appliqué à connoître tout ce que l'antiquité a de plus curieux, et que l'autre se plaise à recueillir jusques aux moindres circonstances de ce qui se fait parmi nous. Je me vois par là comme en possession de ce qui s'est passé dans tous les siècles. Cependant, comme il n'y a point d'excès qui ne soit vicieux, et qu'il peut y avoir de l'intempérance, selon le sentiment d'un ancien, dans l'usage des meilleures choses, je voudrois que tu misses quelques bornes à l'application que tu donnes à l'étude. Je voudrois que l'usage du monde, les visites des honnêtes gens joignissent un peu de politesse à la science que tu as acquise.

M. DESLANDES.

Est-ce que vous croyez, mon père, qu'il se trouve de vraie politesse dans le siècle où nous sommes?

M. JÉROME.

Je le crois assurément. Il n'y a qu'à aller à la cour, ou voir le beau monde de Paris, pour en être persuadé.

M. DESLANDES.

La manière dont le beau monde vit à

Paris, à la vérité, n'est pas tout à fait si barbare que celle des Goths et des Huns, dont nous descendons, mais elle ne ressemble pas à l'élégance d'allures, ni à l'urbanité de Rome; ainsi, mon père, soyez persuadé que je me forme plus l'esprit et que je le polis davantage dans la lecture d'un seul chapitre d'Aulu Gelle ou de Macrobe que dans les visites que je pourrois faire.

M. JÉROME.

Je n'en crois rien. Regarde comme te voilà bâti. Ta cravate est toute de travers, ton juste-au-corps est si mal boutonné qu'il pend d'un côté quatre doigts plus que de l'autre. Regarde comme tes bas sont roulés. Ote-moi tes gants : Quelles mains ! Quels ongles bordés de noir ! Voilà un jeune homme bien poli ! Tu as beau lire, tu ne seras jamais qu'un malpropre et qu'un sauvage si tu ne hantes compagnie. J'ai donc résolu de te faire faire connoissance avec M. de l'Étang, très-habile avocat, avec mademoiselle sa sœur, et une de leurs parentes qui demeure avec eux. Ce sont deux demoiselles de beaucoup de mérite, et qu'il n'est pas que tu n'ayes vues passer plusieurs fois devant chez nous. Elles sont belles toutes deux.

M. DESLANDES.

Elles sont belles comme les autres.

M. JÉROME.

Est-ce que tu prétends encore qu'il n'y a plus au monde de belles femmes, comme il n'y a plus de vraie politesse?

M. DESLANDES.

Comme il n'y a plus d'Alexandres ni de Césars, qu'on ne voit plus de Themistocles, de Periclès ni d'Épaminondas, est-il étrange qu'il ne se trouve plus d'Hélènes, d'Iphigenies, de Cleôpatres, de Pulcheries, et d'autres beautés de la même force.

M. JÉROME.

Du moins les trouveras-tu un peu jolies.

M. DESLANDES.

Elles le sont assurément, mais pourtant quelle différence entre la plus aimable des demoiselles de ce temps-ci et la moindre Glicerium des beaux siècles de l'antiquité ! *Mea Glicerium, mea Tertulla, mea Lycea, mea Leucothée :* combien de charmes dans ces noms-là seulement, et peut-on, quand on y est accoutumé, entendre parler de Nanons, de Margots, de Fanchons, de Javottes ?

M. JÉROME.

Tu ne sais ce que tu dis. Quand tu les connoîtras ces Javottes et ces Nanons, elles te feront bien changer de langage. Quoi qu'il en soit, je veux te présenter à ces belles voisines. Je serois bien aise que tu pusses gagner les bonnes grâces de Mlle de l'Étang, ou de sa cousine, pour en faire ta femme. Elles n'ont pas beaucoup de bien, mais elles ont beaucoup de vertu et de mérite ; comme Dieu a béni mon travail au delà de mes espérances, je suis persuadé qu'il te seroit plus avantageux d'épouser une fille avec peu de bien, mais bonne ménagère, que d'en prendre une qui eût beaucoup de bien et qui dépensât le double de ce qu'elle t'auroit apporté. J'ai passé ma vie à vendre des étoffes, et pendant que je m'en suis mêlé, j'ai vu tant de femmes qui ont ruiné leurs maris, en belles jupes et en beaux manteaux, par la seule raison qu'elles avoient eu beaucoup de bien en mariage, que je n'oserois penser à te donner une fille qui soit un peu riche. Je connois la famille de ces demoiselles-ci ; j'ai connu particulièrement leurs pères et leurs mères, c'étoient de bonnes gens et leurs enfans leur ressemblent ; ainsi je serois sûr de n'être pas trompé. Suis-moi et allons leur faire la révérence.

SCÈNE II.

M. JÉROME, M. DESLANDES, BABET.

M. JÉROME.

La belle enfant, n'êtes-vous pas à Mlle de l'Étang?

BABET.

Oui, monsieur, pour vous rendre service.

M. JÉROME.

Je vous prie de savoir si nous ne l'incommoderions point de lui faire la révérence.

BABET.

Votre nom, s'il vous plaît, monsieur?

M. JÉROME.

Vous lui direz que c'est M. Jérome et

son fils qui souhaiteroient fort avoir l'honneur de la voir.

BABET.

Monsieur Jérome ?

M. JÉROME.

Oui, ma fille.

SCÈNE III.

M. JÉROME, M. DESLANDES.

M. JÉROME.

Oh ça, mon fils, il faut s'acquitter de ceci en galant homme, c'est-à-dire avec une honnête hardiesse mêlée de respect et de civilité. Comme tu tiens ton chapeau ! Tiens-toi droit, tourne tes pieds en dehors. Allons, voici qu'on vient. (*g*)

SCÈNE IV.

M. JÉROME, M. DESLANDES, Mlle DE L'ÉTANG, Mlle DUPRÉ, BABET.

M. JÉROME.

Mademoiselle, votre très-humble et très-obéissant serviteur. Nous venons nous acquitter de nos devoirs et user de la liberté que donne le voisinage. Voici mon fils que je vous amène. C'est un jeune homme qui n'a pas vu encore beaucoup de monde et à qui il sera très-avantageux d'avoir le bien de votre connoissance. Il a de l'étude, il a des lettres ; mais il lui manque cette agréable politesse qu'on ne trouve qu'auprès des dames, et des dames d'un mérite comme le vôtre. C'est un cœur tout neuf et tout entier, et qui n'a encore brûlé d'aucune flamme. Avancez, mon fils... Mais, qu'est-il devenu ?

BABET.

Il s'est enfui.

M. JÉROME.

Permettez-moi, mademoiselle, d'aller voir ce qu'il est devenu.

SCÈNE V.

Mlle DE L'ÉTANG, Mlle DUPRÉ.

Mlle DUPRÉ.

On nous l'avoit bien dit que les deux fils de M. Jérome étoient d'une humeur aussi opposée. On ne peut se défaire du cadet et on ne peut retenir l'aîné. Voilà une assez plaisante aventure !

Mlle DE L'ÉTANG, *riant*.

Voir ce bonhomme qui court après son fils, est-ce quelque chose d'incomparable !

« Voilà mon fils que je vous amène; avan-
« cez, mon fils... » Et puis, néant ! Si ce
bonhomme revient, comment nous empê-
cher de lui rire au nez ?

Mlle DUPRÉ.

Gardons-nous-en bien, ni de faire sem-
blant que cela nous étonne.

Mlle DE L'ÉTANG.

« Voilà mon fils que je vous amène...,
« avancez mon fils... »

Mlle DUPRÉ.

Ris tant que tu voudras présentement,
mais prends ton sérieux, je t'en prie, quand
il viendra.

Mlle DE L'ÉTANG.

J'y ferai mon possible, mais je ne réponds
de rien.

Mlle DUPRÉ.

Tu serois folle à mettre aux Petites-Mai-
sons. Tout ceci est peut-être de plus grande

conséquence que tu ne crois. Soyons sages, je t'en conjure, et ne gâtons rien. Le voici qui revient à nous.

SCENE VI.

M. JÉROME, Mlle DE L'ÉTANG, Mlle DUPRÉ.

M. JÉROME.

Je l'ai trouvé dans son cabinet avec sa robe de chambre et qui lisoit dans un gros livre comme si de rien n'eût été. Je vous avoue que cette humeur sauvage là me déplaît beaucoup.

Mlle DUPRÉ.

Cela ne m'étonne point, vous lui aviez donné un personnage difficile à faire. Il falloit s'avancer avec des révérences bien compassées, nous saluer l'une après l'autre, et nous faire à chacune un petit compliment.

C'étoit une espèce d'entrée de ballet qu'il faut avoir répétée plus d'une fois pour la bien faire. Je sais un moyen excellent pour remédier à ce petit désordre, qui, franchement, ne nous déplaît pas, parce qu'il marque une certaine crainte respectueuse dont on n'est pas fâchée d'être la cause. Ce soir nos petites voisines qui chantent si bien viendront souper céans et y faire concert. Vous n'avez, monsieur, qu'à nous faire l'honneur d'être de la partie et de l'amener avec M. Duvivier, qui est de nos bons amis il y a longtemps. A la faveur du concert et de la bonne compagnie qu'il y aura, nous ferons petit à petit connoissance.

M. JÉROME.

Cela est le mieux pensé du monde, mais ce seroit prendre trop de liberté d'en user si familièrement pour la première fois.

Mlle DE L'ÉTANG.

Monsieur, c'est sans façons; vous nous

ferez un vrai plaisir à mon frère, à ma cousine et à moi.

M. JÉROME.

Je me rends à vos offres, elles sont faites de si bonne grâce qu'on ne peut pas les refuser.

Mlle DUPRÉ.

Je suis persuadée, monsieur, que vous n'étiez pas si farouche que cela dans votre jeune temps.

M. JÉROME.

Non, assurément, mademoiselle. J'ai toujours fait profession d'estimer, d'aimer et d'honorer le beau sexe et de rendre aux dames tous les services dont j'étois capable. Vous en direz ce qu'il vous plaira, mais les hommes étoient, de mon temps, plus civils, plus honnêtes et plus galants qu'ils ne sont aujourd'hui. J'ai été pendant dix ans d'une société aussi jolie qu'il y en eût à Paris. Mme Morineau en étoit, la belle Mme Trousset, Mlle Belin, fille d'esprit, s'il y en eût jamais, M. Oudry, monsieur,... monsieur... Hé, là ! le secrétaire de ce Maître des Requêtes qui étoit si riche, dont le fils a épousé la fille de monsieur... aidez moi... ce gros partisan, qui a une si belle maison ici auprès de Paris... Eh ! mon Dieu, à ce village où tout le monde va se promener?...

Mlle DUPRÉ.

A Auteuil?... à Saint-Cloud?...

M. JÉROME.

Non, c'est ce village où on mange de si bonnes fraises.

Mlle DE L'ÉTANG.

A Montreuil?...

M. JÉROME.

Non.

Mlle DUPRÉ.

A Nogent sous le bois?...

M. JÉROME.

Non.

Mlle DE L'ÉTANG.

A Bagnolet ?...

M. JÉROME.

Justement. Il n'est pas que vous n'ayez vu cette maison-là ?

Mlle DUPRÉ.

C'est une maison où il y a quantité de fontaines et un grand bois de haute futaye ? *(h)*

M. JÉROME.

C'est cette maison-là même.

Mlle DE L'ÉTANG.

Nous y avons été plus de vingt fois. C'est une promenade que nous aimons plus qu'aucune autre. Nous nous y sommes bien diverties.

Mlle DUPRÉ.

Il nous arriva une fois l'aventure du monde la plus plaisante par la bêtise d'un laquais... Mais où en étions-nous, et par où sommes-nous venus dans cette maison de campagne?

Mlle DE L'ÉTANG.

Je n'en sais rien.

M. JÉROME.

Ni moi non plus. Ah! je me souviens! C'est que cette maison appartenoit au beau-père du fils du Maître des Requêtes, dont un galant homme de notre société étoit le secrétaire. Quoi qu'il en soit, nous passions le temps comme des rois, et je n'ai point regret à ma jeunesse. Je veux vous entretenir ce soir des bons tours que nous faisions, puisque vous voulez bien que mes enfans et moi ayons l'honneur de souper avec vous. Ainsi, je vais vous dire adieu jusqu'au revoir.

Mlle DE L'ÉTANG.

Nous vous attendrons, monsieur, et votre compagnie, avec impatience.

ACTE TROISIÈME.

SCÈNE PREMIÈRE.

Mlle DE L'ÉTANG, Mlle DUPRÉ.

Mlle DE L'ÉTANG.

Est-il possible que tu n'ayes pu voir encore le pauvre Duvivier pour lui faire des excuses de ma brusquerie? Je t'avoue qu'il m'a fait pitié et que je suis inconsolable du chagrin que je lui ai donné.

Mlle DUPRÉ.

Tu es bien fille! Ce matin tu ne le pouvois souffrir, et te voilà toute inquiète de ne pas le voir. Que veux-tu que je te dise?

Il étoit outré de douleur, et je ne crois pas qu'il remette jamais les pieds céans.

Mlle DE L'ÉTANG.

J'en serois au désespoir, car il faut que je te dise la vérité, le chagrin que j'avois contre lui ne venoit point tant du peu d'agrément de sa conversation que de ce qu'on m'avoit dit qu'il en aimoit une autre; mais je viens d'apprendre qu'il n'y a rien de plus faux et qu'on avoit pris plaisir à me donner cette alarme.

Mlle DUPRÉ.

Je te promets que je n'oublierai rien pour le faire revenir et vous remettre tous deux bien ensemble. Mais écoute ce qui m'est arrivé. J'étois sortie pour faire une visite dans le quartier; deux hommes, à quatre pas de moi, ont mis l'épée à la main pour se battre; je me suis jetée à corps perdu dans la première maison que j'ai rencontrée, c'étoit justement la maison de M. Jérôme, où j'ai trouvé d'abord, face à face, M. Deslandes qui accouroit au bruit qu'on faisoit dans la rue (1). Il a tressailli en me voyant, et je crois qu'il a été aussi effrayé de me voir que je l'ai été de voir des épées nues ; cependant, comme le plus fort en étoit fait, et qu'il n'étoit plus question de complimens ni de révérences, il s'est un peu remis et m'a dit fort galamment qu'il ne pouvoit être fâché de cet accident, quelque frayeur qu'il m'eût donnée, parce qu'il étoit cause du bonheur qu'il avoit de me voir. Je suis la plus trompée du monde si je ne lui ai touché le cœur.

Mlle DE L'ÉTANG.

Si tu en es bien persuadée, cela est vrai. Mais ne nous trompons point là-dessus. On nous fait plaisir quand on nous dit qu'on nous aime ; mais pour l'ordinaire on ne nous apprend rien de nouveau.

Mlle DUPRÉ.

Je lui ai dit que nous faisions notre

compte de l'avoir ce soir à souper. Il m'a dit que son père l'en avoit averti et qu'il en avoit la plus grande joie du monde.

Mlle DE L'ÉTANG.

Tu peux te vanter d'avoir fait un miracle, car n'en est-ce pas un d'avoir fait, en moins d'un quart d'heure, d'un homme fort sauvage un homme fort galant? Tu dois être fière d'une telle métamorphose.

Mlle DUPRÉ.

Il faut voir ce que cela deviendra.

SCÈNE II.

M. DE L'ÉTANG, Mlle DE L'ÉTANG, Mlle DUPRÉ.

M. DE L'ÉTANG.

Je ne sais pas à qui en veut M. Duvivier, il s'est acharné sur moi de la plus étrange manière du monde... Il ne m'a pas abandonné un moment depuis que je vous ai quittées. Il n'y a rien que je n'aye essayé pour m'en défaire, mais inutilement. Je suis entré chez un de mes amis, feignant d'avoir quelque chose d'importance à lui dire, en sortant j'ai trouvé M. Duvivier sur le pas de la porte qui m'attendoit et qui a recommencé à me fatiguer de ses nouvelles et surtout de ses protestations d'amitié qu'il a réitérées plus de cent fois et en cent manières différentes; je l'ai eu sur le corps toute la journée.

Mlle DE L'ÉTANG.

Voilà, mon frère, ce que c'est que d'être si aimable : le grand mérite a ses incommodités aussi bien que ses avantages. Il est bien fâcheux assurément de s'entendre louer sans cesse et de se voir accablé de marques d'amitié, de respect et d'estime. Il faut une grande vertu pour soutenir courageusement et de bonne grâce le poids d'une telle affliction.

M. DE L'ÉTANG.

Oh! oh! j'entends la raillerie et j'avoue franchement que je l'ai bien méritée; mais raillerie à part, nous avons tous deux tort. M. Duvivier est un fort honnête homme qui s'est donné à nous, qui fait tous ses efforts pour nous plaire et pour gagner notre amitié; et nous, parce que ses manières ne reviennent pas aux nôtres qui sont peut-être pires que les siennes, car nous avons l'un et l'autre un air fier et une brusquerie qui, apparemment, ne plaisent pas à bien du monde, nous le traitons du haut en bas et nous nous fâchons de ce qu'il nous aime. Nous ferions bien de nous corriger de cette impertinence et de cette injustice.

Mlle DUPRÉ.

Mademoiselle votre sœur n'est pas moins repentante que vous du péché dont vous vous accusez; mais il y a un moyen de réparer tout : M. Jérome, M. Deslandes et

M. Duvivier viennent souper céans aujourd'hui.

M. DE L'ÉTANG.

M. Jérome! et par quelle aventure vient-il souper céans?

Mlle DUPRÉ.

Il est venu nous voir cette après-dînée, on s'est mis à parler de nos aimables petites voisines, M. Jérome a témoigné une si grande envie de les entendre, que ma cousine, ayant dit qu'elles venoient souper céans, en a aussi prié M. Jérome et sa famille, ce qu'il a accepté avec sa franchise ordinaire.

M. DE L'ÉTANG.

J'en ai bien de la joie : mais avez-vous bien donné ordre à tout ?

Mlle DE L'ÉTANG.

Nous avons le plus joli souper du monde, vous en serez content. La compagnie n'a qu'à venir quand il lui plaira.

M. DE L'ÉTANG.

Surtout un Oublieux, Mlle Louison ne me le pardonneroit pas.

SCÈNE III.

M. DE L'ÉTANG, Mlle DE L'ÉTANG, Mlle DUPRÉ, Mlle MANON, Mlle LOUISON.

Mlle DE L'ÉTANG.

La voilà elle-même et mademoiselle sa sœur.

M. DE L'ÉTANG.

Soyez les très-bien venues, mes belles demoiselles. Nous vous sommes bien obligés, et à madame votre bonne maman qui a bien voulu vous laisser venir. Asseyons-nous, s'il vous plaît. J'ai chanté toute la nuit le petit air à boire que vous chantâtes hier au soir.

Mlle DE L'ÉTANG.

Il est admirable. Je n'ai jamais rien ouï qui m'ait tant plû.

Mlle DUPRÉ.

Ce qui me charme, c'est d'entendre Mlle Louison chanter la basse. (*k*)

Mlle MANON.

Si vous voulez, nous vous la chanterons tout à l'heure.

M. DE L'ÉTANG.

Vous ne sauriez nous faire un plus grand plaisir.

(*Elles chantent un air à boire.*)

SCÈNE IV.

BABET, M. DE L'ÉTANG, ETC.

BABET, *à M. de l'Étang*.

Mme la marquise de Bergerac est là bas dans son carrosse qui vous prie de vouloir bien descendre. (*l*)

M. DE L'ÉTANG.

Je suis bien misérable ! Je commence à prendre un peu de plaisir, et cette maudite chicaneuse vient m'en arracher impitoyablement. Il n'y a que moi au monde à qui cela arrive. Je reviendrai bientôt ou je ne pourrai.

Mlle DUPRÉ.

Nous ne l'aurons d'une heure. C'est une vieille plaideuse qui prend plus de plaisir à entendre parler de procès que nous n'en prenons à entendre de la musique. Cependant ne laissons pas de continuer. Recommençons, s'il vous plaît, le petit air à boire.

(Elles chantent.)

SCÈNE V.

M. JÉROME, M. DESLANDES, Mlle DUPRÉ, ETC.

M. JÉROME.

Nous voici, mademoiselle, rendus à vos ordres.

Mlle DUPRÉ.

Et où est M. Duvivier?

M. JÉROME.

C'est un libertin qui n'est presque jamais chez moi. J'ai donné ordre que s'il revenoit on l'envoyât ici.

Mlle DE L'ÉTANG.

Si vous voulez bien prendre des sièges

et donner audience, vous entendrez quelque chose qui vous plaira assurément. Mesdemoiselles, le petit air que vous chantiez, s'il vous plaît.

(Elles chantent.)

M. JÉROME.

Cela est beau, cela est harmonieux. J'admire la nature qui a bien voulu donner à cette jeune demoiselle ce qu'elle n'accorde qu'aux mâles les plus mâles. On est agréablement surpris de voir sortir d'une belle petite bouche une voix qui ne sort d'ordinaire que d'une bouche bien grande et bien barbue. Cela me ravit.

(Elles continuent à chanter.)

Mlle LOUISON.

J'entends un Oublieux.

Mlle DUPRÉ.

Écoutons.

L'OUBLIEUX, *derrière le théâtre.*

Oublies! oublies! ho! ho! ho! hay!

Mlle DUPRÉ.

C'est l'Oublieux lui-même, il le faut appeler... Babet !

BABET.

Plaît-il, mademoiselle ?

Mlle DUPRÉ.

Allez appeler l'Oublieux. Eh bien, mademoiselle Louison, vous allez voir un Oublieux.

Mlle LOUISON.

Je n'en ai point vu encore. Je les entends tous les soirs qui crient : *Où sont-ils ? Où sont-ils ? Ho, ho, hay !* Ils me font peur quelquefois ; mais je crois que je n'aurai pas peur en si bonne compagnie.

SCÈNE VI.

LES MÊMES.

M. DUVIVIER, habillé en Oublieux, entre sur le théâtre.

M. JÉROME.

Oh! oh! voilà un joli Oublieux. C'est un vrai Oublieux pour les dames. Tu es bien propre, mon ami?

L'OUBLIEUX.

Pargué, monsieur, il faut bien que je soyons un peu propre, puisque j'avons l'honneur de hanter quelquefois les bonnes compagnies, comme par exemple. Je ne sommes pas magnifique, mais, comme dit l'autre, pauvres gens ne sont pas riches.

M. JÉROME.

Gagne-t-on encore sa vie au métier d'Oublieux?

L'OUBLIEUX.

Là, là, tellement, quellement. Il faut bien que tout le monde vive, larrons et autres. Il y a toujours des provinciaux, des clercs de procureur et de notaire, des garçons de boutique. J'allons aussi dans les auberges, où il y a toujours des Allemands de toute sorte de pays.

M. JÉROME.

Que veux-tu dire, des Allemands de toute sorte de pays?

L'OUBLIEUX.

Il y en a d'Angleterre, de Pologne, de Danemark, que sais-je, moi? Je n'entends point leur baragouin, mais ils ont de bonnes pièces de quinze sols et de trente sols que je boutons fort bien dans notre escarcelle.

Mlle DE L'ÉTANG.

Tu es grand causeur, mon ami.

L'OUBLIEUX.

Dame, l'on me demande et je réponds.

Mlle DE L'ÉTANG.

Ton corbillon est-il plein?

L'OUBLIEUX.

Il est si plein qu'il s'en va par dessus.

Mlle DE L'ÉTANG.

Il faut que Mlle Louison joue contre l'Oublieux.

Mlle LOUISON.

Je ne sais pas le jeu.

Mlle DE L'ÉTANG.

Je vous dirai quand vous aurez gagné. Vous n'avez qu'à bien remuer les dez.

M. JÉROME, à *Mlle Dupré.*

Vous êtes là en grande conférence avec mon fils, vous l'avez bien apprivoisé?

Mlle DUPRÉ.

Je lui suis bien obligée de la complaisance qu'il a de vouloir bien s'entretenir avec moi.

M. JÉROME.

Je ne sais s'il a eu la force de vous dire les sentimens qu'il a pour vous, mais je sais qu'il vous estime infiniment, il me l'a déclaré tantôt; je souhaiterois bien, mademoiselle, que vous pussiez avoir quelque bonne volonté pour lui.

Mlle DUPRÉ.

Ce me sera toujours beaucoup d'honneur et un grand avantage d'avoir quelque part dans les bonnes grâces de M. Deslandes.

M. DESLANDES.

Mon père me fait bien du plaisir de parler comme il fait, et jamais il ne m'a été si bon père.

M. JÉROME.

Voyez comme il est devenu galant auprès de vous. Or ça, mademoiselle, il n'y a qu'un mot qui sert. Vous savez ma franchise. Peut-il espérer de vous être agréable ? C'est une affaire faite si vous le voulez bien.

Mlle DUPRÉ.

Avec la même franchise je vous dirai, monsieur, que rien ne me sauroit être plus agréable, pourvu que mon cousin, qui est mon tuteur, comme vous savez, le veuille bien.

M. JÉROME.

Je suis sûr qu'il ne vous en dédira pas, et que...

Mlle DE L'ÉTANG.

L'Oublieux est un galant homme ; il nous a vidé tout son corbillon et il nous donne encore des macarons par dessus.

Mlle DUPRÉ.

Cela est fort bien, mais ce n'est pas assez ; il faut qu'il dise la chanson. (*m*)

L'OUBLIEUX.

Qu'à ça ne tienne. Je ne l'ai jamais chantée de si bon cœur que je vais la chanter. Il me faut un plat et une assiette.

(*On apporte un plat à l'Oublieux et il chante*)

Quand une dame est bien jolie,
Je me laisse aussitôt charmer,
Et pour peu qu'elle me veuille aimer
Jamais je ne l'oublie.
Oublies, oublies ! ho! ho! ho! hay !
Charlotte, m'appelez-vous ?

Bien souvent c'est une folie
De laisser prendre ainsi son cœur ;
Mais pour peu qu'elle ait eu de douceur
Jamais je ne l'oublie.
Oublies, oublies! ho! ho! ho! hay ! etc.

Mlle DUPRÉ.

J'oubliois, monsieur, à vous dire que je ne puis accepter l'offre que vous me faites, que vous ne m'ayez accordé une chose que je vais vous demander.

M. JÉROME.

Vous n'avez qu'à dire : si elle est en mon pouvoir, je ne vous refuserai pas assurément.

Mlle DUPRÉ.

Elle est tout à fait en votre pouvoir. C'est que vous trouviez bon que l'Oublieux que voilà épouse ma cousine.

M. JÉROME.

Voilà deux choses que je ne comprends pas, l'une que votre cousine épouse un Oublieux, et l'autre qu'elle ait besoin pour cela de mon consentement. Expliquez-vous, s'il vous plaît.

Mlle DUPRÉ.

Il n'est pas nécessaire que je m'explique, il ne s'agit que de vouloir bien que ma cousine épouse l'Oublieux.

M. JÉROME.

Je le veux de tout mon cœur, si elle le veut bien. Voilà un ragoût bien étrange pour une demoiselle, que de vouloir épouser un Oublieux. Mais quoi, il y a des fantaisies de toutes les couleurs, et comme dit le proverbe espagnol : *De gustibus non est disputandum.*

Mlle DUPRÉ.

Il est bon, monsieur, que vous connoissiez l'Oublieux, qui vous a tant d'obligation. Regardez-le bien de près, et voyez s'il ne vous souvient point de l'avoir vu quelque part.

M. JÉROME.

Que vois-je! c'est mon fils. Que veux-tu dire, malheureux, de te déguiser de la sorte?

Mlle DUPRÉ.

Ne le querellez point, s'il vous plaît. Il aime ma cousine, il y a déjà longtems. Elle lui avoit défendu de la voir pour des raisons qui ne valent guères, et lui, pour la voir sans contrevenir ouvertement à ses ordres, il s'est avisé de se travestir en Oublieux.

M. JÉROME.

Je lui sais bon gré, et il ne tiendra qu'à mademoiselle que tout le monde ne soit content.

Mlle DUPRÉ.

Si tu en es d'accord, nous épouserons aujourd'hui les deux fils de monsieur, toi le cadet et moi l'aîné.

Mlle DE L'ÉTANG.

Si mon frère y consent, comme je n'en doute pas, j'en suis très-satisfaite.

Mlle DUPRÉ.

Allons souper, il en est temps. M. de l'Étang sera revenu avant que nous soyons à table. Entrez, s'il vous plaît, monsieur, nous vous suivons.

(L'Oublieux, en prenant la main de sa maîtresse, chante :)

*Et pour peu qu'elle me veuille aimer
Jamais je ne l'oublie.
Oublies, oublies! ho! ho! ho! hay! etc.*

FIN DE L'OUBLIEUX.

NOTES

NOTE A.

LES NOUVELLISTES DU LUXEMBOURG, DU PALAIS
ET DES HALLES.

*Il va ramasser toutes les méchantes nouvelles du
Palais et du Luxembourg, des Halles et de la
place Maubert,* etc. (Acte 1, scène 1.)

Le jardin du Luxembourg, le plus beau, le plus
aéré et le mieux orné de Paris, quand la reine-
mère l'eut fait tracer et décorer par son ingénieur-
architecte Salomon de Brosse, et même, assure-
t-on, sous l'inspiration de son peintre ordinaire
P. P. Rubens, devint la promenade favorite du
public de l'Université et du faubourg Saint-Germain. Ce quartier, non moins aristocratique et
infiniment plus vivant qu'aujourd'hui, était d'autant plus en faveur auprès des *nouvellistes*, que la
plupart des grands hôtels garnis, et, par consé-
quent, presque tous les étrangers de distinction,
s'y trouvaient réunis, à proximité du *Palais d'Or-*

léans, de la Comédie française, de la foire Saint-Germain, et des *Académies* pour l'éducation de la jeune noblesse. Bien que fort négligé après la mort de Gaston d'Orléans, qui le reçut en don de sa mère, et surtout après le départ de MADEMOISELLE, le jardin du Luxembourg était encore en pleine vogue en 1691. Il eut, avant le jardin du Palais-Royal, son *arbre de Cracovie*, et soutint vaillamment la concurrence de son rival d'outre-Seine. Un chapitre de Mercier, sur le Luxembourg de 1789, vient expliquer et confirmer à souhait ce que Perrault nous dit ici du Luxembourg de 1691 :

« Un groupe de *nouvellistes* dissertant sur les intérêts politiques de l'Europe forme, sous les ombrages du Luxembourg, un tableau curieux. Ils arrangent les royaumes, règlent les finances des Potentats, font voler des armées du Nord au Midi... Le dernier venu dément d'une manière brusque tout ce qu'on a débité, et le vainqueur du matin se trouve battu à plate couture à sept heures du soir ; mais le lendemain, au réveil des *nouvellistes*, le conteur de la veille restitue à son héros une pleine victoire.....

« Ce qui a droit d'étonner un homme sensé, c'est l'ignorance honteuse où sont plongés tous ces faiseurs de nouvelles, tant sur le caractère que sur les forces et la situation politique de la nation anglaise.....

« Un bourgeois de la rue des Cordeliers écoutait assidûment un abbé grand ennemi des Anglais; cet abbé l'enchantait par ses récits véhéments; il avait toujours à la bouche cette formule : *Il faut lever* 30,000 *hommes, il faut embarquer* 30,000 *hommes, il faut débarquer* 30,000 *hommes, il en coûtera peut-être* 30,000 *hommes pour s'emparer de Londres.*

« Le bourgeois tombe malade, pense à son cher abbé qu'il ne peut plus entendre dans l'allée des Carmes, et qui lui avait prédit la destruction prochaine de l'Angleterre au moyen de *trente mille hommes.* Pour lui marquer sa tendre reconnaissance, il mit sur son testament : *Je laisse à M. l'abbé* Trente-mille-hommes *douze cents livres de rente ; je ne le connais pas sous un autre nom, mais c'est un bon citoyen, qui m'a certifié au Luxembourg que les Anglais seraient bientôt détruits.* Sur la déposition de plusieurs témoins qui attestèrent que tel était le surnom de l'abbé, qu'il fréquentait le Luxembourg et qu'il s'était montré fidèle antagoniste des Anglais, le legs lui fut délivré. »

On sait que les galeries du Palais de justice étaient également, au XVIIe siècle, le rendez-vous des petits-maîtres, des élégants, des oisifs, des nouvellistes, qui se rencontraient et commentaient les bruits du jour, les propos de ruelles, voire même les affaires d'État, dans la nouvelle *Grand'-*

salle des Pas perdus, dans la galerie Marchande, dans les cours du Mai et de la Sainte-Chapelle, dans la petite *place du Change* (où une rare estampe du temps de la Fronde nous montre *la Mode triomphant* en la personne d'un jeune raffiné *poudré*, enrubanné et empanaché), dans les innombrables boutiques des lingères, mercières, limonadiers, perruquiers, libraires, etc.

Abraham Bosse nous a laissé une curieuse vue de ces galeries, où Corneille a placé la scène de l'une de ses petites comédies d'intrigue.

Un scenario de l'ancien Théâtre-Italien, *Arlequin lingère du Palais*, nous offre aussi un tableau piquant de ces galeries du vieux Palais, sœurs aînées de celles du Palais-Royal : Arlequin, vêtu mi-partie en lingère et en limonadier, joue ce double personnage en se présentant de profil, tantôt à droite, tantôt à gauche, avec une telle agilité qu'il finit, en simulant une dispute entre les deux industriels, dont les boutiques sont contiguës, par se battre avec lui-même au grand émoi de Pasquariel, qui fait de *vains* efforts pour *les* séparer :

La Lingère, *dans sa boutique.*

Des chemises, des cravates, des caleçons, des torchons, messieurs!... Venez voir chez nous, monsieur, de très-belle toile de Hollande, de beaux chaussons à l'épreuve de la sueur.

PASQUARIEL.

Cette chemise m'accommoderait assez ; combien en voulez-vous ?

LA LINGÈRE.

Elle vous coûtera dix écus, sans vous surfaire.

PASQUARIEL.

Dix écus !

LA LINGÈRE.

Oui, monsieur, c'est en conscience, je n'y gagne qu'une livre par sol.

PASQUARIEL.

Je vous en donnerai trente sols.

LA LINGÈRE.

Trente sols !... On voit bien que vous n'êtes pas accoutumé à porter des chemises !

PASQUARIEL.

Tenez, voilà un écu sans marchander. Ne me laissez pas aller ailleurs.

LA LINGÈRE.

Ça, ça, prenez-la ; mais à condition que vous

me ferez l'honneur de me revenir voir. C'est à l'enseigne de *la Pucelle*.

Pasquariel.

Comment vous appelez-vous?

La Lingère.

Je m'appelle la belle Angélique, à votre service.

Le Limonadier, *dans sa boutique.*

Des biscuits, de la limonade, des macarons, du café, du chocolat à la glace, messieurs!... St, st, monsieur. (*Pasquariel se retourne.*) Un petit mot, s'il vous plaît... Apparemment, monsieur, que vous êtes étranger? Ne vous amusez pas à cette peste de gueuse-là; elle vous dupera. Sa boutique n'est remplie que de plumets, de bretteurs et de petits-collets...

La Lingère.

Qu'est-ce que cet empoisonneur du genre humain vous conte? Voilà encore un plaisant coquin pour me traiter de gueuse! Qu'est-ce que la boutique d'un limonadier, mon ami?... Deux seaux d'eau, deux citrons et une once de sucre la composent.

LE LIMONADIER.

Il est vrai qu'une lingère est bien mieux fournie ! De trente paquets qui sont dans sa boutique, il n'y en a pas quatre pleins de marchandises. Témoin cet âne qui, étant l'autre jour attaché à la porte, en mangea six qui n'étaient remplis que de foin. . . . .

Les galeries du Palais avaient sur les allées du Luxembourg l'avantage d'abriter leurs habitués, qu'attiraient d'ailleurs, selon leur âge et leur condition, les boutiques des jolies marchandes, les étalages des libraires en renom ou les échoppes des écrivains consultants.

— Pour les *cancans* des Halles et de la place Maubert, reportez-vous au *Roman bourgeois* de Furetière, avec lequel notre *petite comédie* ne laisse pas que d'avoir un certain air de famille.

N'oublions pas non plus la piquante satire de Berthod : *La ville de Paris en vers burlesques, contenant toutes les galanteries du Palais,... l'éloquence des harengères de la halle,... le haut style des secrétaires de S. Innocent*, etc. Bien qu'il soit de quarante ans antérieur à notre comédie, ce tableau populaire n'est point à dédaigner pour l'intelligence du texte, non plus que l'estampe qui lui sert de frontispice, et qui représente la halle en plein mouvement : bourgeois, servantes et marchandes se querellant, se gourmant, ou simplement flânant et devisant comme le pouvaient faire M. Duvivier et ses compères.

. . . .

Or sus voicy la Halle illustre,
Voyla quantité de poisson.
Nous rirons de bonne façon
Si tu veux prendre patience,
Car c'est ici le lieu de France
Où se disent les meilleurs mots ;
On fait les contes les plus sots,
Surtout parmi ces harengères.

NOTE B.

LES ANTIQUAIRES ET ÉRUDITS AU XVIIᵉ SIÈCLE.

Il était dernièrement dans une joie inconcevable d'avoir trouvé le nom de la nourrice d'Hector, etc. (Acte I, scène II.)

Ainsi que nous l'avons remarqué et noté dans notre introduction, Perrault continue ici sa petite guerre contre l'antiquité et les antiquaires. Du reste, il se fait la partie belle en personnifiant en M. Deslandes les grotesques de l'érudition, qui pullulaient alors comme aujourd'hui. Ainsi, M. Eug. Labiche, l'un de nos plus spirituels auteurs comiques, traduisait dernièrement sur la scène du Palais-Royal l'antiquaire de clocher qui se lance dans des déductions à perte de vue à propos d'un couvercle de casserole exhumé et transformé par lui en *scutum* ou en *clypeus*. Cette fine et amusante parodie n'empêchera pas nos sociétés archéologiques de province de produire comme par le passé de solides et excellents travaux ; de même les épigrammes de Perrault, toutes justes qu'elles pouvaient être dans l'exception, n'atteignaient en rien les sérieux et savants explorateurs de l'antiquité qui honoraient alors l'Allemagne, la France et la Hollande. Si l'esprit d'investigation historique poussé à l'excès pouvait, en s'égarant, en se rétrécissant, produire quelques *messieurs Deslandes*, il allait bientôt faire éclore ces magnifiques et lumineuses publications : le *Thesaurus antiquitatum Græcarum* de Gronovius, le *Thesaurus antiquitatum Romanarum* de Grævius, l'*Antiquité expliquée*, etc., qui contiennent d'autres enseignements, il faut en convenir, que les noms de la nourrice d'Hector, de la femme de chambre de Cléopâtre, et la nature des pantoufles du roi Priam.

Du reste, les profanes n'étaient pas les seuls à signaler les niaiseries et le pédantisme acariâtre des demi-savants; l'un des grands prêtres du temple, dom Bernard de Montfaucon, dans sa préface, toute pleine d'ailleurs d'équité et de modestie, comme il convient à un homme de sa valeur, décoche à ces faux frères ce trait, d'autant plus blessant qu'il affecte plus de ménagements dans la forme : « L'antiquité a été ci-devant traitée par un grand nombre d'habiles gens. Il est très-peu de points sur lesquels ils ne nous aient laissé plusieurs ouvrages. Quand plusieurs ont écrit sur le même sujet, il est rare qu'ils s'accordent ensemble. Ceux qui sont venus après ont souvent réfuté les auteurs qui les avaient précédés. Quelques-uns qui ont été contredits de leur vivant ont fait des répliques pour soutenir leur opinion et repousser leurs adversaires. Il y en a même qui, se voyant repris avec raison et ne voulant pas avouer leur erreur, ont tâché de jeter de l'obscurité dans la matière, pour se tirer comme ils pouvaient d'un mauvais pas : de là sont venues les querelles personnelles; c'est ce qui a encore multiplié les livres sur l'antiquité. »

NOTE C.

LES ANAGRAMMES.

*Je me souviens toujours d'une anagramme que
je fis pour elle,* etc. (Acte I, scène II.)

Depuis le poëte et Limousin J. Daurat, qui, au XVIe siècle, « mit les anagrammes tellement en vogue que chacun voulait s'en mêler, » cette manie n'avait fait que croître dans le bas monde des beaux-esprits. Elle allait de pair, du reste, avec le goût des énigmes, logogriphes, bouts-rimés, etc., que le Mercure de de Visé n'avait pas peu contribué à propager. Il y eut l'anagramme madrigal pour les dames, l'anagramme héroïque pour les princes, l'anagramme satirique, et surtout l'anagramme prophétique, qui ne manquait jamais de surgir *après* les grands événements. Ainsi :

— Frère Jacques Clément.
C'est l'enfer qui m'a créé.

— Marie-Thérèse d'Autriche.
Mariée au roi très-chrétien.

— Louis treizième, roi de France et de Navarre.
Roi très-rare estimé Dieu de la fauconnerie.

— Marie Touchet.
Je charme tout.

— Pierre de Ronsard.
Rose de Pindare.

— Prosper Bauin (conseiller au Parlement).
Bos in purpura.

— Antonius Seguierius.
Novus jesuita niger.

On voit, par les exemples mêmes que nous citons, que l'anagramme comportait certaines licences. Pour être régulière, elle devait employer les seules lettres et toutes les lettres du nom. Mais on toléra d'abord une lettre en plus ou en moins, puis deux, puis davantage ; certaines lettres purent être substituées à d'autres comme équivalentes : $u = v$, $i = y = j$, $s = z$; enfin, on en arriva à l'anagramme par à peu près, telle que la pratique ici M. de l'Étang. L'anecdote suivante, que nous empruntons aux *Curiosités littéraires* de M. Ludovic Lalanne, montre combien les jeux d'anagrammes étaient *à la mode* au temps où Perrault écrivait cette comédie. Il s'agit d'une fête donnée à la fin du XVIIe siècle au jeune Stanislas Leczinski, au retour d'un lointain voyage :

« Les ballets furent exécutés par treize danseurs, portant chacun un bouclier, sur lequel était gravée l'une des treize lettres des mots *Lescinia domus* (maison Leczinska). A la fin de chaque entrée, les danseurs se rangèrent de telle sorte que leurs boucliers présentèrent successivement les anagrammes suivantes :

Domus Lescinia, — *Omnis es lucida*,
Sis columna Dei. — *I scande solium*.

« Cette dernière fut une prophétie, car, en 1704, Stanislas fut élu roi de Pologne. Il devint plus tard beau-père de Louis XV. »

NOTE *D*.

LES SAVANTS EN *ius* DE L'ALLEMAGNE
ET DE LA HOLLANDE.

Tous les auteurs en ius, *soit d'Allemagne, soit
de Hollande*, etc. (Acte I, scène II.)

Toujours la guerre contre les anciens, leurs sectateurs, admirateurs ou éditeurs. N'oublions pas que nous touchons au temps où éclosait avec *les Trésors des antiquités grecques et romaines*, dont nous venons de parler, la précieuse collection d'éditions classiques dite *Variorum*. C'est là ce que notre auteur appelle dédaigneusement : « réimprimer de vieux livres avec des notes. » Si c'était un ridicule de la part des savants allemands ou hollandais de s'affubler de noms en *ius*, qui figuraient mieux au milieu d'un titre latin que leurs noms tudesques ou bataves, il faut avouer que ce ridicule nous frappe peu aujourd'hui et que nul délicat, nul bibliophile surtout, n'a plus envie de rire ni de Daniel *Heinsius*, l'illustre professeur et ami d'Antoine *Thysius*, éditeur de Salluste, Justin, Sénèque, Aulu-Gelle, etc.; ni de Corneille *Schrevelius*, commentateur de Juvénal, Horace, Virgile, Ovide; ni de leurs collaborateurs Nicolas *Heinsius*, *Emmenessius*, *Masvicius*, — j'en passe et des meilleurs; — ni bien moins encore de l'antiquaire et professeur Jean-George Græfe (*Grævius*), que Perrault semble avoir particulièrement visé, ainsi que la dynastie des Gronov (*Gronovius*), Jean-Frédéric, le père, Jacques et Laurent, les fils, et même le petit-fils Abraham, le médecin, éditeur des historiens latins et de quelques auteurs grecs. — O dérision du destin! Ce *Ch. Perrault, de l'Académie française*, qui se moque si agréablement, en 1691, des savants en *ius* qui réimpriment de vieux livres avec des notes, ne vit plus guère aujourd'hui que par sa réimpression des vieux *Contes de ma mère l'Oie;* et c'est l'*Académie des Bibliophiles*, dont la mission est précisément de « réimprimer de vieux livres avec des notes », qui met au jour pour la première fois son Oublieux, après cent soixante-dix-sept ans de limbes préalables!

NOTE E.

ÉTUDES ARCHÉOLOGIQUES SUR LES CLOCHES.

Il m'envoie en même temps le nom de toutes les cloches de la ville de Rouen avec les noms de leurs parrains, etc. (Acte I, scène IV.)

Ceci fait évidemment allusion à quelque mémoire archéologique sur les cloches des innombrables paroisses et couvents de la capitale de la Normandie, publié sans doute dans ce temps-là ou soumis aux suffrages d'une académie quelconque. Nous l'avons cherché sans succès. Le commentaire d'*Angelicus Rocca : De campanis et horologiis,* publié à Rome en 1616, pas plus que le *Traité des cloches* de J. B. Thiers, composé peut-être dès lors, mais publié seulement en 1721, après la mort de l'auteur, ne sauraient tomber sous le coup de cette satire. Ils s'en tiennent l'un et l'autre à des considérations plus générales et ne s'occupent point des cérémonies du *baptême*. L'opuscule suivant justifierait assez bien la critique de Perrault, mais sa date prouve qu'en tout cas notre auteur ne put avoir en vue que les sources, peut-être, auxquelles ledit opuscule s'était inspiré : *Recueil curieux et édifiant sur les cloches de l'Église, avec les cérémonies de leur bénédiction*, etc., 1757. Nous y lisons, page 4 : « La « grosse cloche de Rouen pèse 40,000 liv. et « s'appelle George d'Amboise. D'autres ne disent « que 30,000 liv., comme le portent les vers latins qu'on lit dessus. Dans la *Description géographique de la haute Normandie*, on marque « qu'elle a 10 pieds de hauteur, y compris les « anses, et qu'elle pèse 36,000 liv. Elle fut fondue « le 2 août 1501; son battant est de 710 liv., sa « circonférence de 30 pieds et son diamètre de « 8 pieds 1/3, » etc. (Le *Recueil édifiant* a été mal édifié, ou bien *Georges d'Amboise* a été mal moulée, car ce rapport de la circonférence au diamètre n'est point conforme à la formule mathématique $\pi = 3,141$.)

La lecture de ce petit traité est assez réjouissante, surtout au chapitre X : *Pourquoi on bénit les cloches, vu que sans cela elles pourraient servir aux mêmes usages, et ce qu'opère de particulier cette cérémonie*. Chap. XI : *De l'usage d'imposer un nom aux cloches en les bénissant, et pourquoi on choisit à cet effet des parains et maraines*. On y apprend que le baptême donne aux cloches le privilége de « toucher les cœurs aussi bien que les oreilles, de chasser les démons, d'apaiser les orages, de détourner le tonnerre et la grêle, » etc. Tous les collectionneurs parisiens connaissent la curieuse brochure : *Ordre des cérémonies qui doivent être observées pour la bénédiction d'une cloche en l'église Saint-Jacques-la-Boucherie*, etc., in-12, 1780.

NOTE F.

L'ÉNIGME DU MERCURE ET LES DEVINEURS.

---

*Je veux bien vous dire que j'ai deviné l'énigme
    du dernier Mercure...* (Act. I, scène IV.)

L'immortelle sottise humaine a perpétué jusqu'à nos jours le goût des rébus, énigmes, logogriphes, etc. Le troupeau des *devineurs* et *non-devineurs* n'est ni moins nombreux, ni moins vaniteux qu'autrefois. Les petits journaux illustrés n'ont eu garde de négliger l'exploitation de cette veine féconde qui leur garantit plus d'abonnés qu'on ne voudrait le croire pour l'honneur de l'espèce. Les listes de gens *ayant deviné la charade* ne sont guère moins grotesques que celles du *Mercure galant* du XVIIe siècle, que Perrault s'est, du reste, borné à copier, ainsi que nous allons le faire nous-même, en choisissant précisément l'énigme du Corbillon de l'Oublieux, proposée dans le numéro d'octobre 1692.

J'ai presqu'autant de mains qu'en avait Briarée,
Mais du corps, chaque nuit, on me les fait sortir,
    Et, sans pouvoir les garantir,
Il n'en sort point qui ne soit dévorée.
      Avant les funestes moments
      Où je dois souffrir ce dommage,
      On entend dans le voisinage
Le bruit fatal et les prompts mouvements
        De plusieurs ossements.

On donnait le nom technique de *Corbillon*

    — Je te vends mon Corbillon.
    — Qu'y met-on ?

à cette longue boîte en fer blanc que l'oublieux portait sur le dos, et sur le couvercle de laquelle on jouait avec des dés (*plusieurs ossements*) les *mains* d'oublies qu'elle contenait. Une *main*, en terme du métier, était un paquet de cinq oublies. (Voy. le *Dictionnaire du commerce* de Savary, au mot *oublie*.)

Le marchand gagnait plus ou moins, selon la chance du client. Il pouvait même arriver parfois qu'il ne fît pas ses frais, à en juger par la légende de notre estampe et par le passage de Guil. de

Villeneuve que nous citons plus loin (note M, p. 116.)

Plus tard, les dés, partout mal famés, furent interdits et remplacés par une aiguille tournante — un *tourne-vire* — fixée sur le couvercle du Corbillon, et indiquant, par le chiffre ou la couleur sur lesquels elle s'arrêtait, le résultat du coup. C'est dans cet état que le *corbillon* figure encore sur nos promenades et dans les foires de village, ayant échangé ses antiques *oublies* contre de modernes *plaisirs*, toujours accompagnés de gaufres et de macarons.

Mais revenons à notre énigme. Le numéro suivant du *Mercure* (novembre 1692) contient la mention que voici : « Ont expliqué l'énigme du mois passé sur *le Corbillon de l'Oublieux*, MM. Bonnard, de l'hôtel du Quesnoy, place Royale ; de la Simonnière, de la rue de la Mortellerie ; M. Viau, de la rue Saint-Dominique ; l'Enfant Rouge, du quartier Saint-Antoine (serait-ce un des orphelins de l'hôpital des *Enfants-Rouges* ? En ce cas, il faudrait lire quartier du Temple, au lieu de quartier Saint-Antoine) ; le pèlerin de Nanterre ; l'avocat travesti du cloître Saint-Jacques-la-Boucherie ; les deux uniformes de la rue des Noyers ; le neveu des deux veuves *heureuses* ; l'amant constant sans espérance ; M. J. d. C. ; Du Vaux et son accordée (!!!) ; l'engageant blondin de la rue de Bussy (joindre le don de deviner les énigmes « au mérite éclatant de sa perruque blonde »! non, c'est trop!); l'amy de la plus belle vestale de Brie (oh! oh!); l'amant de la belle affligée de la grande rue de Loudun; la jeune et charmante CHARLOTTE, *mon petit cœur, m'appelez-vous?* (Cette formule, comme on le voit par notre pièce même, faisait partie ordinaire du refrain de l'oublieux); les deux engageantes du quai des Augustins (en Glatigny?); la charmante Madelon du grand change d'Avignon;... la nouvelle société de l'Académie du jardin de Lyon, etc. »

Constatons, à la confusion de l'esprit moderne, que bon nombre de ces signatures sont de pures facéties, parfois même assez piquantes, tandis que les *devineurs* actuels semblent prendre la chose tout à fait au sérieux et réclament souvent fort aigrement contre une désignation incomplète ou erronée.

Nous n'avons pas besoin de rappeler à nos lecteurs la *Comédie sans titre* (le *Mercure galant*) de Boursault et son énigme malséante. Il serait curieux pourtant de rapprocher les deux scènes; mais tout le monde a un *Boursault* sous la main et peut faire sans nous cette collation.

NOTE G.

LA CIVILITÉ QUI SE PRATIQUE EN FRANCE ENTRE
LES HONNÊTES GENS.

I.

Oh ça ! mon fils, il faut s'acquitter de ceci en galant homme, c'est-à-dire avec une honnête hardiesse mêlée de respect et de civilité.....
(Acte II, scènes I, II, III.)

L'idée de ce M. Deslandes, qui néglige la civilité contemporaine par respect pour la politesse des anciens, et qui dédaigne les Nanons, les Margots et les Javottes par admiration pour les Glycères et les Lalagées du temps jadis, est assez comique; mais il faut convenir que, pour un homme d'étude, peu au fait des usages du monde, la civilité du XVIIe siècle avait des exigences d'une pratique délicate, mêlées du reste à des naïvetés étranges. Pour l'éclaircissement de cette scène, nous allons faire quelques emprunts au code suprême des bienséances du grand siècle, maintes fois réim-

primé pendant ce long règne sous le titre de :
*Traité de la civilité qui se pratique en France
parmi les honnêtes gens.*

« La loi que l'on doit observer indispensablement, c'est la mode ; c'est sous cette maîtresse absolue qu'il faut faire ployer la raison, en suivant, pour nos habits, ce qu'il lui plaît d'ordonner, sans raisonner davantage, si nous ne voulons sortir de la vie civile. Et de fait, si une personne, quelque modeste et retirée qu'elle soit, veut se raidir contre cette mode qui est un torrent, en paraissant, par exemple, devant le monde avec un chapeau pointu, à présent qu'ils se portent bas de forme, elle se mettra au hasard d'être courue et montrée au doigt... Pour éviter cet inconvénient, il faut remonter jusqu'à la source de la mode, qui est la cour. Ceux qui ne vont point à la cour doivent tâcher de connaître quelqu'un qui y ait commerce et s'en faire un modèle, le prenant à peu près de sa condition, de son âge, et de sa taille. »

C'est à peu près ce que vient de dire M. Jérôme à son fils.

« Avec cela il faut avoir soin de la propreté et de se tenir la tête nette, les yeux et les dents, dont la négligence gâte la bouche et infecte ceux à qui nous parlons ; les mains aussi, *et même les pieds*, particulièrement l'été, pour ne pas faire mal au cœur à ceux avec qui nous conversons. Ayant soin de se rogner les ongles, il faut aussi se tenir les cheveux et la barbe d'une telle ou telle manière, selon la mode ordinaire... »

« En entrant dans une compagnie il faut observer d'avoir un marcher modeste, ne frappant pas fortement le plancher, ne traînant pas aussi les pieds, ne marchant point comme si l'on dansait, ne marquant point la cadence de la tête ou des mains, mais se contenant et marchant doucement sans tourner la vue çà et là...

« C'est une chose tout à fait indécente de se présenter, particulièrement devant des dames, et de montrer la peau à travers la chemise et le pourpoint, ou d'avoir quelque chose d'entr'ouvert qui doit être clos par honnêteté.

« En s'asseyant, il faut observer de se mettre au bas bout, qui est toujours du côté de la porte par laquelle vous êtes entré, comme le haut bout est toujours où se tient la maîtresse du logis. Il ne faut pas se mettre côte à côte de la personne, mais vis à vis, afin qu'elle voie que l'on est prêt à l'écouter. Il faut avec cela se tourner le corps un peu de côté et de profil, parce que cette posture est plus respectueuse que de se tenir de front... »

« Il ne faut pas se couvrir; il faut avoir ses gands aux mains, se tenir tranquille sur son siége, ne point croiser les genoux, ne point jouer avec ses glands, son chapeau, ses gands, etc., *ni se fouiller dans le nez, ni se gratter autre part...*

« Il n'est pas d'un homme de qualité, s'il se trouve en compagnie de dames, de patiner et de porter la main tantôt à un endroit et tantôt à un autre, de baiser par surprise, d'ôter la coiffe, le mouchoir, etc…

« Il est aussi fort indécent, dans une compagnie de dames, de quitter son manteau, d'ôter sa perruque ou son pourpoint, de se couper les ongles, de se les rogner ou de se les nettoyer avec les dents, de se gratter quelque part, etc…

« C'est une simplicité, à un homme qui veut passer pour savoir son monde, que de nommer sa femme par la qualité que l'on a ou par quelque terme badin, comme par exemple si c'était un président qui parlât et qu'il dit de sa femme : *Madame la présidente, mon cœur, ma fanfan, est la plus ceci, la plus cela…* Au reste, un mari est tout à fait ridicule de caresser sa femme devant le monde… »

Ce dernier cas ne concerne pas encore M. Deslandes, qui ne sera marié qu'au dénoûment; mais, sans parler des chapitres du cérémonial des repas, des honneurs à rendre aux personnes qualifiées, de la correspondance et de la conversation, qui fourmillent « de choses aussi curieuses que celles-ci », ces quelques extraits suffisent pour expliquer la fugue de notre savant, qui préférait sans doute aux vaines contraintes de la *civilité*, la liberté de « se fouiller dans le nez » et de « se gratter » dans le silence du cabinet.

NOTE *H*.

LA MAISON DE BAGNOLET.

A Bagnolet? — Justement. Il n'est pas que vous n'ayez vu cette maison-là... (Acte II, scène VI.)

Auteuil, Saint-Cloud, Montreuil, Nogent-sur-Marne, Bagnolet, pèlerinages toujours chers aux promeneurs du dimanche. Cette scène semble écrite d'hier. Ne croirait-on pas lire un fragment détaché des *Diseurs de riens* de notre Henri Monnier, l'inexorable *photographe* de la badauderie parisienne? Un coup d'œil sur le *Roman bourgeois* — déjà recommandé — si bien réédité par Édouard Fournier dans la Bibliothèque elzevirienne, en apprendra plus que nous n'en pourrions dire sur ces sociétés bourgeoises, contre-partie ou parodie du monde des précieuses. Furetière et ici Perrault nous montrent un de ces aspects ; Molière, de main de maître, nous a esquissé l'autre.

Ce gros partisan qui a une si belle maison à Bagnolet est le sieur Le Juge, fermier général, qui avait fait rebâtir le château acheté plus tard par le duc d'Orléans, régent, princièrement décoré et orné de peintures de la propre main de S. A. R., d'après les dessins de Coypel son maître. Cette *belle maison*, dont on trouvera la description détaillée dans le *Voyage pittoresque des environs de Paris*, de d'Argenville, fut fort négligée et même en partie dévastée par le fils du régent, ce génovéfain honoraire, scandalisé des nudités de la galerie de Daphnis et Chloé. Le duc d'Orléans, fils de ce dernier, rendit au château de Bagnolet sa première splendeur, et y érigea le charmant théâtre où il se plaisait avec sa petite cour galante à jouer des comédies badines que composait et dirigeait Collé.

Le parc, de trois cents arpents, bien boisé et décoré à la manière de Le Nôtre, était, comme celui de Saint-Cloud et des autres châteaux royaux ou princiers, accessible aux Parisiens, qui venaient en partie de plaisir y *cueillir la fraise,* et dîner sur l'herbe dès le temps du sieur *Le Juge*. Car alors les gros financiers imitaient volontiers les grands seigneurs, qui ouvraient libéralement au public les parcs de leurs châteaux et même les jardins de leurs hôtels. On est moins gracieux aujourd'hui que *le mur de la vie privée* a pris les proportions stratégiques que vous savez. Il est vrai que les révolutions sont venues depuis lors jeter un froid entre les différentes classes de la grande famille parisienne.

NOTE *I*.

RENCONTRES A L'ÉPÉE DANS LES RUES DE PARIS.

Deux hommes à quatre pas de moi ont mis l'épée à la main pour se battre. (Acte III, scène 1.)

Un duel en pleine rue de Paris en l'an de grâce 1691, voilà une *ficelle* naïve qui pourrait passer pour un anachronisme. Distinguons cependant : Imparfaitement dominée par la vigoureuse homœopathie de Richelieu, l'épidémie nationale des duels avait pu renaître pendant et après la Fronde, « au temps de la bonne régence », mais sous le gouvernement énergique de Louis XIV, les gentilshommes courtisans n'eussent osé violer à ce point les édits formellement renouvelés en 1679. Aussi n'est-ce pas d'un duel proprement dit qu'il s'agit ici, mais d'une rixe à main armée. Malgré les améliorations apportées sous ce règne dans l'organisation de la police, les rues pullulaient encore de gens sans aveu, soldats licenciés, bretteurs, aigrefins, traînant l'épée sur le pavé du roi et toujours prêts à susciter ou simuler une querelle au profit de *compères* qui opéraient dans la bagarre, ou même de *clients* qui récompensaient leurs services. Le poëte Beys avait été ainsi assassiné en plein Pont-Neuf et en plein midi à l'instigation d'un amant de sa femme. Cela se pratiquait encore du temps de Cartouche. Et même de nos jours, où nous jouissons d'une police relativement excellente et de mœurs certainement fort adoucies, il n'est pas de bonne fête qui ne voie éclore quelque batterie de cabaret, où des soldats ivres dégaînent contre leurs compagnons de bouteille ou contre de simples passants. Quand tout le monde portait l'épée, de tels accidents ne pouvaient manquer de se renouveler à peu près chaque jour et un peu partout.

NOTE K.

LES CONCERTS BOURGEOIS AU XVIIe SIÈCLE.

Ce qui me charme, c'est d'entendre Mlle *Louison chanter la basse...* (Acte III, scène III.)

Il est à présumer, d'après cette scène, que *l'Oublieux* n'était dans l'origine qu'une petite pièce *de circonstance*, composée pour produire en société deux sœurs bonnes musiciennes, dont l'une possédait une belle voix de contralto, phénomène assez rare de tout temps et non moins apprécié — sinon aussi cher payé — à l'époque de Lully que de nos jours.

Les concerts d'amateurs ou concerts bourgeois étaient assez communs à Paris au XVIIe siècle. Loret, grand dilettante en même temps que grand gourmand et grand joueur, parle souvent de ceux auxquels il assistait chez un sien ami demeurant vers le Petit-Pont, ainsi que des réunions musicales auxquelles le conviaient — en sa qualité de gazetier influent :

> *Le sieur Bertaut, cet homme rare,*
> *Avec la divine Labarre,*

Une étoile... filante comme les nôtres, qui promenait volontiers à l'étranger sa célébrité parisienne.

Le rôle des instruments était alors fort modeste: un concert se composait exclusivement de morceaux de chant avec accompagnement de luth, téorbe, guitare ou clavecin. Les violons n'intervenaient que pour les ritournelles et pour ainsi dire par tolérance. Rappelez-vous la petite fête du *Bourgeois gentilhomme* et les conseils de son maître de musique :

« Il faut qu'une personne comme vous, qui êtes magnifique, et qui avez de l'inclination pour les belles choses, ait un concert de musique chez soi, tous les mercredis ou tous les jeudis.

— Est-ce que les gens de qualité en ont?

— Oui, monsieur.

— J'en aurai donc. Cela sera-t-il beau?

— Sans doute. Il vous faudra trois voix : un dessus, une haute-contre, une basse, qui seront accompagnés d'une basse de viole, d'un téorbe, et d'un clavecin pour les basses continues, avec deux dessus de violon pour jouer les ritournelles. »

Les instruments d'accompagnement ou d'harmonie, descendants directs de la lyre antique, et comme tels réputés très-nobles, étaient seuls soustraits au monopole du roi des violons et de ses suppôts.

Le roi — j'entends le roi de France — et les princes du sang pouvaient bien appeler à leurs fêtes, pour y *sonner et fredonner*, les violons privilégiés de la *grande* et de la *petite bande*. Les grands seigneurs avaient des laquais *violons* à leur service, et les *maîtres musiciens* (compositeurs) des *symphonistes* à leurs gages. Mais les bourgeois et le public en général devaient, de par les ordonnances et édits remontant à un temps immémorial et renouvelés formellement en 1659, s'adresser exclusivement aux *maîtres violons joueurs d'instruments tant haut que bas*, véritables ménétriers bons tout au plus à *donner les âmes des pieds*, selon l'expression élégante de Magdelon. Ces confrères de Saint-Julien avaient si bien déshonoré *le roi des instruments*, que pas un homme de qualité, pas un honnête bourgeois même, n'eût rougi d'apprendre et de pratiquer leur art. Traiter un homme de *violon* ou le traiter de *fiacre*, c'était tout un alors, c'était le qualifier d'ivrogne et de misérable.

Un demi-siècle après, nous voyons figurer le

comte de Dampierre, le marquis de Sourches, M. de Courtomer, comme violes et violons dans l'orchestre de Mme de Pompadour. La création de l'Académie royale de musique, en émancipant les artistes, avait élevé le niveau de l'art au point de donner au violon lui-même ses grandes entrées dans le monde. Il n'a plus dérogé depuis.

Nemeitz, dont le livre publié en 1727 se rapporte à un *séjour à Paris* fait vers la fin du règne de Louis XIV, consacre une note intéressante aux principaux concerts en vogue à cette époque. Peut-être les deux sœurs de notre comédie, Mlles Manon et Louison, figurent-elles sous leur vrai nom dans cette liste de virtuoses.

« Les concerts que j'ai quelquefois écoutés furent chez le duc d'Aumont, qui fut ambassadeur en Angleterre ; chez l'abbé Grave ; chez Mlle de Maes, qui en donna un par semaine *ordinairement* ; et puis chez M. Clérambault, qui en eut un environ tous les quinze jours ou trois semaines. Tous ces concerts furent composés par les meilleurs maîtres de Paris. Celui de M. Clérambault eut ceci de remarquable qu'une jeune fille d'environ onze ans jouait du clavecin, et qu'elle l'accompagnait d'une habileté et grâce peu commune. Les concerts de la fameuse *damoiselle* (sic) Laguerre n'ont plus été joués depuis quelques années. Les concerts chez Mlle Ecuiers furent peu fréquentés, et on y put jouer en attendant une *reprise d'ombre* dans une antichambre. »

NOTE L.

USAGE DE FAIRE DESCENDRE AU CARROSSE.

Madame la marquise de Bergerac est là-bas dans son carrosse, qui vous prie de vouloir bien descendre. (Acte III. scène. VI.)

Les gens de qualité faisaient ainsi descendre à leur carrosse les gens d'affaires, procureurs, avocats ou financiers, trop occupés pour venir prendre leurs ordres à domicile, et de trop mince condition pour qu'on daignât monter à leur cabinet. Ils se vengeaient ainsi des longues visites que leur imposaient MM. les Conseillers et les gens en place, que les plus grands seigneurs devaient respectueusement *solliciter*. L'usage de faire descendre au carrosse s'est maintenu jusqu'à la fin du XVIIIe siècle, mais seulement pour les personnes de la plus haute qualité. Barbier nous en a conservé un exemple bien singulier et tout à fait caractéristique :

« M. le comte de Charolais, prince du sang, a pris du goût pour une madame Lebreton, veuve d'un homme d'affaires, jolie femme de vingt-deux ans, riche et petite-maîtresse de Paris... La famille, qui s'est aperçue de cette poursuite, en a craint les suites... Le père (M. Ménage, riche financier) gardant sa fille chez lui, M. le comte de Charolais lui a fait dire qu'il se tînt chez lui tel jour et qu'il avait à lui parler. Il l'a fait demander à sa porte, *l'a fait descendre dans la rue*, et lui a dit que s'il n'amenait pas sa fille à un bal chez le prince de Condé, il aurait affaire à lui. M. Ménage n'a su que lui répondre, de crainte de quelque insulte et de quelques coups de bâton. »

O Dieu le bon temps que c'était
A Paris sous l'ancien régime!

NOTE *M*.

LE CRI ET LA CHANSON DE L'OUBLIEUX.

Ce n'est pas assez, il faut qu'il dise la chanson. (Acte III, scène VI.)

Le savant M. Kastner, que l'érudition musicale vient de perdre, au grand regret de ceux qui apprécient les travaux consciencieux et achevés, aurait tiré bon parti de notre petite comédie pour son excellente étude historique et phonétique sur *les cris de Paris*. Il cite et note en maint endroit le cri de l'oublieux depuis Guillaume de la Villeneuve.

> *Le soir orrez sans plus atendre*
> *A haute voix sans délaier.*
> DIEX! QUI APPELLE L'OUBLOIER?
> *Quand en aucun leu a perdu*
> *De crier n'est mie esperdu*
> *Près de l'huis crie où a esté :*

> *Aide Diex de majesté*
> *Com de male eure je suis né!..*

Et la *Chanson nouvelle de tous les cris de Paris* (XVIᵉ siècle).

> *Oublie, oublie! où est-il?*

jusqu'au moderne :

> *Voi.....là l'plai.....sir, mesdam'! Voi.....là l'plai.....sir!*

qui apparaît pour la première fois dans les lettres en 1747, à l'occasion d'un ballet-pantomime de Valois d'Orville, *les Fêtes du Bois de Boulogne*, représenté à la foire Saint-Germain.

Une *marchande* de plaisirs vient chanter deux couplets sur le refrain déjà populaire :

> *En cachette se rendre ici,*
> *V'là le plai....sir des dames.*
> *L'une vient surprendre un mari,*
> *Et l'autre y vient prendre un ami.*
> *Savoir jouir*
> *Et contenter leurs flammes,*
> *V'là l'plai....sir des dames,*
> *V'là l'plai.....sir!*

Mais le patient historiographe des *Voix de Paris*

ne semble pas avoir connu la formule ni la mélopée des cris cités ici :

Oublies, oublies, ho! ho! ho! hay!
  Où sont-ils? où sont-ils?
  Oh! oh! oh! hay!
  — Oublies, oublies, oh! oh! oh! hay!
  Charlotte m'appelez-vous?
Charlotte, mon petit cœur, m'appelez-vous?
  Ho! ho! ho! hay!

Il paraît en outre que l'*oublieux* avait coutume — comme le ramoneur — de dire la chanson. Chanson qui variait sans doute suivant les sociétés auxquelles elle s'adressait. Il devait y en avoir de *raides*, à en juger par les idylles que viennent encore roucouler *inter pocula* les sirènes de cabarets. Celle que chante notre oublieux est du genre décent et réservé qui convenait à une petite fête de famille. Serait-ce une de ces anciennes chansons d'oublieux que M. A. Parmentier aurait retrouvée et qu'il vient de publier sous ce titre : *Le Marchand d'oublies*, chanson à deux voix, musique de Léo Delibes?

Nous ne pouvons terminer cette note sur les marchands d'oublies sans rappeler le charmant tableau tracé par J.-J. Rousseau dans ses *Rêveries d'un promeneur solitaire*. Revoyez-vous d'ici le promeneur philosophe, — fort peu solitaire ce jour-là, — entouré de tout un troupeau de fil-

lettes sous la conduite « d'une manière de religieuse, » et leur distribuant *par voie de tirage* le corbillon entier d'un *oublieux*? Pour n'être plus exposés à pleurer sur leurs pertes comme au temps de Guillaume de la Villeneuve, ces braves industriels avaient trouvé depuis l'art de corriger la fortune : « Afin de rendre la fête encore plus
« gaie, je dis en secret à l'oublieux d'user de son
« adresse ordinaire en sens contraire, en faisant
« tomber autant de bons lots qu'il pourrait, et
« que je lui en tiendrais compte. » La scène se passait au bois de Boulogne, au rond-point de la Muette, où Jean-Jacques était venu, par un beau dimanche, s'asseoir sur l'herbe avec Thérèse, après avoir dîné à la porte Maillot. « Cet après-midi,
« ajoute-t-il, fut un de ceux de ma vie dont je me
« rappelle le souvenir avec le plus de satisfaction.
« La fête, au reste, ne fut pas ruineuse ; pour
« trente sous qu'il m'en coûta tout au plus, il y eut
« pour plus de cent écus de contentement, tant il
« est vrai que le plaisir ne se mesure pas sur la
« dépense, et que la joie est plus amie des liards
« que des louis. »

TABLE.

Introduction. — Recherches historiques sur les *Oublieux* de Paris.   I

L'Oublieux, comédie de Ch. Perrault.

    Acte I   15
    Acte II.   35
    Acte III   53

Notes.

A. — Les Nouvellistes   79
B. — Les Antiquaires et érudits.   87
C. — Les Anagrammes.   90
D. — Les Savants en *ius*   93
E. — Dissertations sur les cloches.   95

F. — L'Énigme du *Mercure* 98
G. — La Civilité au XVIIe siècle 102
H. — La Maison de Bagnolet. 106
I. — Rencontres à l'épée dans les rues de
       Paris. 108
K. — Les Concerts bourgeois 110
L. — Usage de faire descendre au carrosse. 114
M. — La Chanson de *l'Oublieux*. 116

ACADÉMIE DES BIBLIOPHILES
Société libre pour la publication à petit nombre de livres rares ou curieux.

MEMBRES DU CONSEIL
Année 1868-1869.

MM. Paul CHERON, de la Bibliothèque impériale;
Hippolyte COCHERIS, de la Bibliothèque Mazarine;
Jules COUSIN, de la Bibliothèque de l'Arsenal;
E -F. DELORE;
ÉMILE GALLICHON;
Pierre JANNET, fondateur de la *Bibliothèque elzévirienne*;
Louis LACOUR, de la Bibliothèque Sainte-Geneviève;
Lorédan LARCHEY, de la Bibliothèque Mazarine;
Anatole DE MONTAIGLON, secrétaire de l'École des Chartes, ancien bibliothécaire à l'Arsenal.

ANCIENS MEMBRES DU CONSEIL

MM. Charles READ, chef de la section des Archives, de la Bibliothèque et des travaux historiques, à la Préfecture de la Seine;
le baron Oscar DE WATTEVILLE, chef du bureau de dépôt des livres au ministère de l'Instruction publique.

Réunion au palais de l'Institut le second mardi de chaque mois, à quatre heures et demie, dans le cabinet de M. H. Cocheris.
MM. les membres actifs et libres sont admis aux séances.

COLLECTION DE LA COMPAGNIE

1. *De la Bibliomanie,* par Bollioud-Mermet, de l'Académie de Lyon. Publié par M. Paul Cheron. In-16 pot double de 84 pages. 160 exemplaires. 2ᵉ édition de la réimpression. . . . . 5 »

2. *Lettres à César,* par Salluste, traduction nouvelle par M. Victor Develay. In-32 carré de 68 p., 300 ex. . . . . 2 »

3. *La Seiziesme Joye de Mariage,* publiée pour la première fois. In-16 pot double de 32 p., 500 ex. . . . . 2 »

4. *Le Testament politique du duc Charles de Lorraine,* publié avec une étude bibliographique par M. Anatole de Montaiglon. In-18 jésus de 78 p., 210 ex. 3 50

5. *Baisers de Jean Second*, traduction nouvelle, par M. Victor Develay. In-32 carré de 64 p., 500 ex. . . . . 2 »

6. *La Semonce des Coquus de Paris en may* 1535, publiée, d'après un manuscrit de la Bibliothèque de Soissons, par M. Anatole de Montaiglon. In-18 jésus de 20 p., 210 exemplaires. . . . . 2 »

7. *Les Noms des Curieux de Paris*, avec leur adresse et la qualité de leur curiosité. 1673. Publié par M. Louis Lacour. In-18 raisin de 12 p., 140 exempl. 1 50

8. *Les Deux Testaments de Villon*, suivis du *Bancquet du Boys*, publiés par M. Paul Lacroix. In-8 tellière de 120 p., 220 ex. 7 »

9. *Les Chapeaux de castor*. Un paragraphe de leur histoire. 1634. Publié par M. Louis Lacour. In-18 raisin de 8 p., 200 ex. . 1 »

10. *Le Congrès des Femmes*, par Érasme, traduction nouvelle par M. Victor Develay. In-32 carré de 38 p., 312 ex. . . 1 »

11. *La Fille ennemie du Mariage et repentante*, par Érasme, traduction nouvelle par M. Victor Develay. In-32 carré de 64 p., 312 ex. 2 »

12. *Saint Bernard*. Traité de l'Amour de Dieu. Publié par M. P. Jannet. In-8 tellière de 140 p., 313 ex. . . . . 5 »

13. *Œuvres de Regnier,* reproduction textuelle des premières éditions. Préface et notes par M. L. Lacour. In-8 carré de 356 p., 525 ex. . . . . 20 »

14. *Le Mariage,* par Érasme, traduction nouvelle par M. Victor Develay. In-32 carré de 64 p., 312 ex. . . . . 2 »

15. *Le Comte de Clermont,* sa cour et ses maîtresses, par M. Jules Cousin. In-18 jésus, 2 vol. de 432 p., 412 ex. . . . . 10 »

16. *La Sorbonne et les Gazetiers,* par M. Jules Janin. In-32 carré de 64 p., 312 ex. 2 »

17. *L'Empirique,* pamphlet historique. 1624. Réédité par M. Louis Lacour. In-18 jésus de 20 p., 200 ex. . . . . 2 »

18. *La Princesse de Guéménée dans le bain et le Duc de Choiseul.* Conversation rééditée par M. Louis Lacour. In-18 jésus de 16 p., 200 ex. . . . . 2 »

19. *Les Précieuses ridicules,* comédie de I. B. P. Molière. Reproduction textuelle de la première édition. Notes par M. Louis Lacour. In-18 raisin de 108 p., 422 ex. 5 »

20. *Les Rabelais de Huet,* par M. Baudement. In-16 de 64 pages, 260 ex. . . . 3 »

21. *Description naïve et sensible de Sainte-*

Cécile d'Alby. Nouvelle édition, publiée par M. Eugène d'Auriac. In-16 de 64 p., 260 ex. . . . . 5 »

22. *Apocoloquintose*, facétie sur la mort de l'empereur Claude, par Sénèque, traduction nouvelle par M. Victor Develay. In-32 carré de 64 p., 512 ex. . . . . 2 »

23. *Aline*, reine de Golconde, par Boufflers. Nouvelle édition, publiée par M. Victor Develay. In-32 carré de 64 p., 512 ex.   2 »

24. *Projet pour multiplier les Colléges des Filles*, par l'abbé de Saint-Pierre. Nouvelle édition, publiée par M. Victor Develay. In-32 carré de 32 p., 312 ex. . . . . 1 »

25. *Le Jeune Homme et la Fille de joie*, par Érasme, traduction nouvelle par M. Victor Develay. In-32 carré de 32 p., 312 ex.   1 »

26. *Le Comte de Clermont et sa cour*, par M. Sainte-Beuve, de l'Académie française. In-18 jésus de 88 p., 412 ex. . . 3 »

27. *Le Grand Écuyer et la Grande Écurie*, par Édouard de Barthélemy. In-18 jésus de xii-216 p., 200 ex. . . . . . 6 »

28. *Les Bains de Bade au XVe siècle*, par Pogge, Florentin. Scène de mœurs, traduite pour la première fois en français par M. Antony Meray. In-16 raisin de 48 p., 412 exemplaires . . . . 3 »

29. *Éloge de Gresset*, par Robespierre, publié par M. D. Jouaust. In-8 carré de 64 p., 113 ex. . . . . 5 »

30. *La Bibliothèque de Don Quichotte. Amadis de Gaule*, par M. Alphonse Pagès. In-18 raisin de 174 p., 412 ex. . . . . . . 5 »

31. *Réflexions, Sentences et Maximes morales* de La Rochefoucauld. Reproduction textuelle de l'édition originale de 1678, préface par M. Louis Lacour. In-8 carré de 262 p., 525 ex. . . . . 20 »

32. *Essai sur l'histoire de la réunion du Dauphiné à la France*, par J. J. Guiffrey. Ouvrage couronné par l'Académie des Inscriptions et Belles-Lettres. In-8 carré. . 15 »

33. *Distiques moraux* de Caton, traduction nouvelle par M. Victor Develay. In-32 carré de 80 p., 1 grav., 512 ex. . . . . . 2 »

34. *Une Préface de Tacite*, par Senac de Meilhan, publiée avec une introduction par M. Sainte-Beuve. In-18 raisin, 60 p., 420 ex. 3 50

35. *La Louange des Vieux Soudards*, par M. Louis Lacour. In-32 carré de 64 p., 300 ex. . . . . 2 »

36. *Académie des Bibliophiles. Livret annuel : première année*, 1866-1867. In-8 carré de 16 p., 150 ex. . . . . . . 5 »
(Se donne à MM. les membres actifs et à MM. les membres libres inscrits.)

37. *Le Bréviaire du roi de Prusse*, par M. Jules Janin. 1 vol. in-32 de 76 p., 300 ex.   2 »

38. *L'Oublieux*, comédie en trois actes de Charles Perrault, de l'Académie françoise, auteur des *Contes de fées*, publiée pour la première fois par M. Hippolyte Lucas. In-18 raisin, 350 ex. . . . . 5 »

39. *Secrets magiques pour l'amour*, au nombre de octante et trois, publiés d'après un manuscrit de la bibliothèque de Paulmy par P. J., bibliomane. In-18 raisin, 400 ex.   4 »

40. *Le Thalmud*, étude par M. Deutsch, traduit de l'anglais sous les yeux de l'auteur. In-18 fabriqué à Londres, 200 ex. . » »

41. *Legier Richier*, par Auguste Lepage. In-16, 36 p., 260 ex. .   2 »

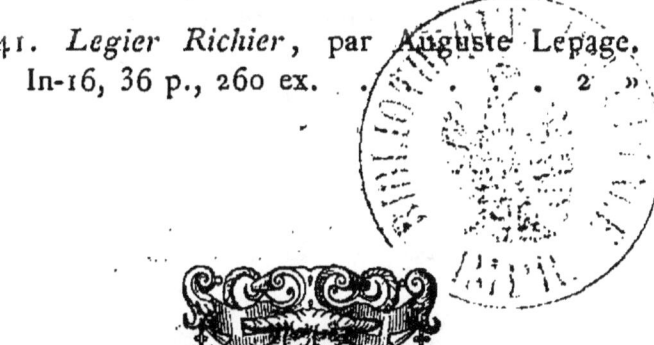

Achevé d'imprimer

pour

L'ACADÉMIE DES BIBLIOPHILES

PAR D. JOUAUST, IMPRIMEUR DE LA COMPAGNIE

www.ingramcontent.com/pod-product-compliance
Lightning Source LLC
Chambersburg PA
CBHW060136100426
42744CB00007B/811